업무와 일상을 업↗시키는
16가지
생성형 AI 활용

챗GPT, 빙챗(코파일럿), 뤼튼, 바드, 클로바x, 노션
6가지 생성형 AI 챗봇과 10가지 생성형 AI 인공지능 도구 사용법

챗GPT, 빙챗(코파일럿), 뤼튼, 바드, 클로바x, 노션, 캔바, 브루, 프레이머,
사운드로우, 클로바노트, 드림AI, 런웨이, 감마, 스테이블 디퓨전, 마이크로소프트 디자이너

  :wrtn ⒼBard **CLOVA X** 🅽 *Canva* **V**rew

SOUNDRAW   ⓡ runway **Gamma**   **Stable** Diffusion

모든 생성형 AI에서 통하는 프롬프트 작성법부터
목적에 따라 다양한 생성형 AI를 혼합 활용하는 방법까지!

업무와 일상을 업시키는
16가지 생성형 AI 활용

챗GPT, 빙챗(코파일럿), 뤼튼, 바드, 클로바x, 노션
6가지 생성형 AI 챗봇과 10가지 생성형 AI 인공지능 도구 사용법

초판 1쇄 발행 | 2024년 01월 30일

지은이 | 장문철
펴낸이 | 김병성
펴낸곳 | 앤써북

출판사 등록번호 | 제 382-2012-0007 호
주소 | 파주시 탄현면 방촌로 548
전화 | 070-8877-4177
FAX | 031-942-9852
도서문의 | 앤써북 http://answerbook.co.kr
ISBN | 979-11-93059-17-3 13000

[안내]
• 이 책의 내용을 기반으로 실습 및 운용 결과에 대해 저자, 소프트웨어 개발자 및 제공자, 앤써북 출판사, 서비스 제공자는 일체의 책임지지 않음을 안내드립니다.
• 이 책에 소개된 회사명, 제품명은 각 회사의 등록 상표 또는 상표이며 본문 중 TM, ©, ® 마크 등을 생략하였습니다.
• 이 책은 소프트웨어, 플랫폼, 서비스 등은 집필 당시 신 버전으로 설명하였습니다. 단, 독자의 학습 시점에 따라 책의 내용과 일부 다를 수 있습니다.

※ 이 책의 답변글은 생성형 AI가 만들었기 때문에 질문 날짜, 질문 의도 등에 따라 다른 결과가 나올 수 있습니다. 또한 이 책의 내용을 기반으로 실습 및 운용 결과에 대해 저자, 출판사, 소프트웨어 개발자 및 제공자, 서비스 제공자는 일체의 책임지지 않음을 안내드립니다.

생성형 인공지능의 시대가 현실로 다가왔습니다. 챗GPT의 등장은 이 분야의 혁신을 주도하고 있으며, 구글의 바드, 마이크로소프트의 빙 챗, 네이버의 클로바X, 뤼튼 등 다양한 경쟁자들도 이 시장에 뛰어들었습니다. 각각의 챗봇 AI는 고유의 특징과 기능을 제공하며, 이는 사용자에게 더욱 다양한 선택의 폭을 제공합니다.

챗봇의 범위를 넘어, 생성형 인공지능은 PPT 제작, 동영상 생성, 음악 제작, 그림 생성 등의 영역에서도 그 가능성을 드러내고 있습니다. 이러한 다양한 서비스들은 사용자들이 창의적이고 효율적인 방식으로 자신의 작업을 완성할 수 있게 돕습니다.

이 책은 바로 그러한 생성형 인공지능을 업무, 일상 생활, 취미 등 다양한 분야에 어떻게 활용할 수 있는지에 대해 소개하고 있습니다. 각 서비스의 사용법과 특징을 자세히 설명하며, 챗GPT만으로 충분하지 않을 때 다른 서비스들을 어떻게 효과적으로 사용할 수 있는지에 대한 지침을 제공합니다. 이 책은 인공지능을 이용한 창조적인 가능성을 탐색하고자 하는 이들에게 귀중한 자원이 될 것입니다.

또한 이책에서는 개인 데이터의 보안을 중시하는 사용자를 위한 특별한 접근 방식도 소개하고 있습니다. 특히, 인공지능 챗봇을 사용자의 PC에 직접 설치하여 운영하는 방법에 대해 상세히 설명하고 있습니다. 이 방식은 사용자의 개인 데이터를 외부 서버가 아닌 자신의 컴퓨터 내에서만 처리함으로써 데이터 유출의 위험을 최소화합니다.

마지막으로 우리는 생성형 인공지능의 홍수 시대에 살고 있으며, 이러한 첨단 기술은 우리의 업무, 일상 생활, 취미 등 매우 다양한 분야에서 혁신적인 변화를 가져오고 있습니다. 이 책은 바로 이러한 생성형 인공지능 기술을 어떻게 일상에 통합하고 최대한 활용할 수 있는지에 대한 실질적인 안내서입니다.

저자 **장문철**

Contents

목 차

Contents

Contents
목 차

Contents
목 차

Contents
목 차

Contents
목 차

6가지 인공지능 AI 챗봇 핵심 파악하기

이 장에서는 다양한 인공지능 챗봇을 소개합니다. ChatGPT 이외에 무료로 사용 가능한 뤼튼(wrtn), 구글 바드(Bard), 마이크로소프트 빙챗(Bing chat, Copilot), 클로바X(CLOVA X), 노션(Notion) 등의 서비스들을 소개하고 특징에 대해서 알아봅니다.

01 _ 1 챗봇과 인공지능 AI 챗봇 이해와 활용

챗봇은 다양한 정보를 바탕으로 대화형 인터페이스를 통해 사용자와 소통하는 것처럼 대화할 수 있는 채팅 프로그램을 의미합니다.

챗봇 시스템은 구축된 정보를 바탕으로 대화하듯 사용자의 질문에 답변하거나 정보를 제공합니다.

챗봇은 크게 두 가지 유형으로 나눌 수 있습니다.

첫째, 규칙을 바탕으로 한 챗봇

둘째, 인공지능 AI 챗봇

규칙을 바탕으로 한 챗봇

미리 정하거나 만들어 놓은 규칙에 따라 작동하는 챗봇입니다. 질문자가 궁금한 내용을 입력하면 그 내용을 인식하고 미리 만들어 놓은 응답을 제공합니다.

예를 들어, 세종시에 거주하는 주민이 "수영장 안내해줘"라고 입력하면, 세종특별자치시 챗봇은 해당 지역의 수영장 정보를 제공하는 등의 답변합니다. 기업의 사례를 예로 들어보겠습니다. 냉장고에서 이상 소음을 겪는 고객이 "냉장고에서 소음이 발생하는 원인을 알려줘"라고 입력하면, 제조사 챗봇은 미리 만들어 놓은 다양한 소음 원인에 대한 가이드를 제공하는 답변 내용을 자동으로 안내합니다.

▲ 일정 규칙을 바탕으로 하는 챗봇 사례

이러한 일정 규칙을 바탕으로 하는 챗봇은 비교적 구현이 간단하고 특정 업무의 효율성을 높일 수 있다는 장점이 있습니다. 하지만 미리 정하거나 만들어 놓은 규칙 이외의 질문이나 복잡한 질문 등에는 유연하게 답변하기 어렵고, 깊이 있는 대화를 이어가기가 제한적이라는 단점이 있습니다.

인공지능 AI 챗봇

인공지능 AI 챗봇은 머신러닝과 자연어처리 등 AI 인공지능 기술을 바탕으로 제작된 챗봇입니다. 위에서 설명한 규칙을 바탕으로 한 챗봇보다 훨씬 복잡하고 불규칙한 질문도 잘 이해하고 답변할 수 있습니다. 또한 다양한 질문자의 상황과 대화를 통해 꾸준히 학습되기 때문에 시간이 흐르면 성능이 더 높아지게 됩니다.

인공지능 AI 챗봇은 기업이나 조직에서 업무, 생활, 창작 등 다양한 분야에서 활용할 수 있습니다. 챗GPT(ChatGPT), 뤼튼(wrtn), 구글 바드(Google Bard), 마이크로소프트 빙챗((Bing chat, Copilot), 노션(Notion), 네이버 클로바X(CLOVA X) 등 인공지능 AI 챗봇 기술을 활용할 수 있는 다양한 웹사이트 및 서비스가 있습니다.

▲ 인공지능 AI 챗봇의 종류

01 _ 2 ChatGPT 이해와 200% 활용 방법

ChatGPT 사용해보기

[ChatGPT]의 처음 화면으로 아래 텍스트를 입력할 수 있는 프롬프트 입력창에 텍스트를 입력(❶) 후 [Send message] 버튼(❷)을 눌러 텍스트 내용을 챗GPT에게 전송하여 대화를 시작합니다.

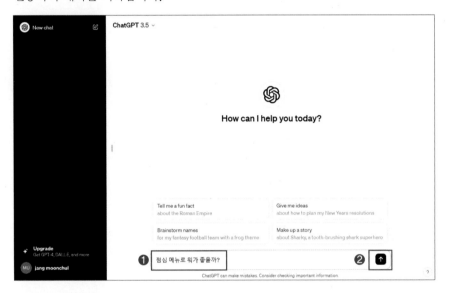

◀ 알아두기 ▶ 프롬프트란?

프롬프트란 원하는 결과를 얻을 수 있도록 챗GPT와 같은 생성형 AI 인공지능에게 입력하는 명령 (값), 즉 질문 내용을 의미합니다. 생성형 AI의 종류에 따라 질문은 텍스트나 이미지로 명령할 수 있습니다. 생성형 AI 어떤 값을 입력하는가에 따라 결과값, 즉 답변 내용은 완전히 달라집니다. 프롬프트 입력창은 명령을 입력하는 창을 의미합니다.

내가 질문한 내용(❶)에 대해 ChatGPT는 답변(❷)합니다.

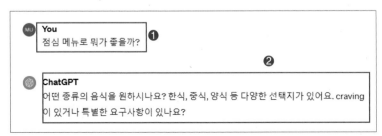

같은 주제의 대화창에서는 이전에 질문한 내용과 답변 내용(❶)을 기억하기 때문에 마치 사람과 대화하는 것처럼 기존 질문에 이어서 질문하면 그 질문에 맞게 답변(❷)하게 됩니다.

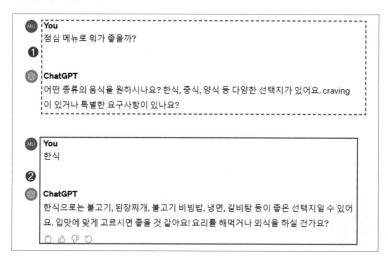

내가 질문한 내용 아래의 [연필 아이콘]을 클릭하여 질문 내용을 수정할 수 있습니다.

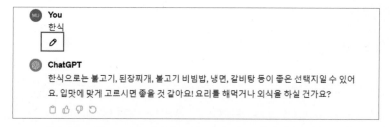

질문을 수정 후 [Save & Submit] 버튼을 눌러 수정된 질문으로 다시 질문이 가능합니다.

수정된 질문으로 답변 받았습니다. 질문 아래 번호가 생성되어 이전에 질문한 내용도 확인 가능합니다. [〈, 〉] 화살표로 이전 질문이나 다음 질문으로 이동할 수 있습니다.

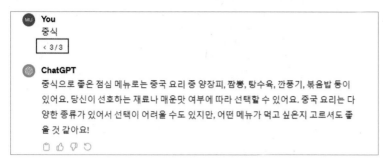

답변이 마음에 들지 않는다면 [새로고침] 아이콘을 클릭하여 답변을 다시 받을 수 있습니다.

새로운 답변을 받을 경우에도 답변의 내용이 번호로 표시되어 이전 답변을 확인할 수 있습니다. 또한 새로운 답변 내용이 좋은지, 나쁜지, 똑같은지를 피드백하여 ChatGPT의 답변에 반영도 가능합니다. [X]를 누르면 닫습니다.

어떠한 내용이라도 질문해보면서 ChatGPT를 사용해보도록 합니다.

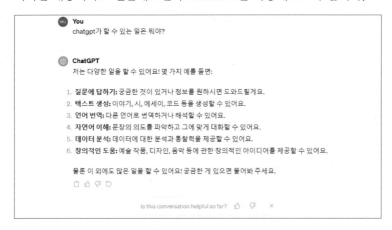

답변 아래 아이콘이 있습니다. 아이콘은 순서대로 답변의 내용을 복사(❶), 답변의 내용이 좋아요(❷), 답변의 내용이 마음에 들지 않아요(❸), 새로운 답변 요청(❹)입니다.

ChatGPT 화면 구성

ChatGPT의 화면 구성입니다.

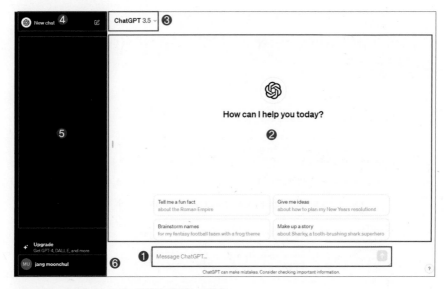

❶ 채팅을 입력할 수 있는 입력란입니다.

❷ 채팅 내용이 출력됩니다.

❸ ChatGPT의 버전을 변경할 수 있습니다.

   – 무료 버전의 경우 3.5로 고정되어있습니다.

   – 유료 버전의 경우 3.5, 4, Plugins의 선택이 가능합니다.

❹ 새로운 채팅을 시작합니다.

   – 유료 버전의 경우 Explore의 기능이 추가됩니다. 예를 들어 그림을 그리는 DALLE 기능이 추가로 적용됩니다.

❺ 채팅방을 표시합니다.

❻ 개인 설정 영역입니다.

채팅 내용이 방마다 기록됩니다. 채팅방의 이름은 ChatGPT가 자동으로 설정합니다.

채팅방의 [...]부분을 클릭하면 대화 내용을 공유하거나, 이름 변경, 삭제가 가능합니다.

개인 설정에서 [Custom instructions]의 기능은 사용자가 사전정보, 답변의 형식
등을 미리 지정할 수 있는 기능입니다.

[Custom instructions]을 클릭합니다. 위에는 사전정보를 입력하고 아래는 답변
의 형식을 입력합니다.

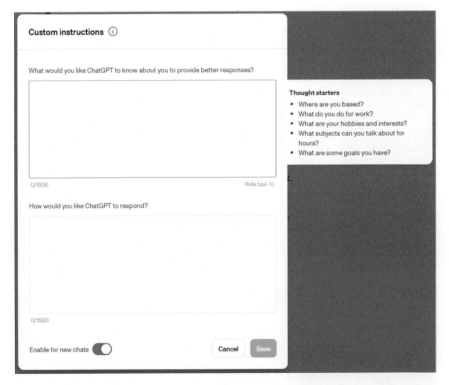

다음과 같이 인스타그램으로 화장품을 홍보하는 목적으로 내용을 작성하였습니다.

질문을 하였을 때 미리 입력된 내용으로 답변이 됩니다. 자주 사용하는 기능 등을 [Custom instructions]에 입력해 놓으면 ChatGPT에게 매번 일일이 설명하지 않아도 되므로 매우 편리한 기능입니다.

Settings에서 General에서는 Theme로 화면의 색상을 흰색, 검정색 등으로 변경할 수 있습니다. 또한 Clear all chats으로 모든 대화내용을 삭제할 수 있습니다.

Chat historty & training은 나의 대화내용으로 ChatGPT에 반영하는 기능입니다.
Shared links는 대화내용을 공유했을 경우 링크를 통합으로 관리 할 수 있습니다.
Export data는 대화내용을 내보낼 수 있습니다.
Delete accouint는 계정을 삭제합니다.

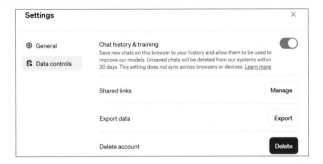

유료 버전의 Settings 화면으로 [Beta features], [Builder profile]을 추가로 사용할 수 있습니다. [Beta features] 실험실 기능으로 플러그인, ADA(데이터분석)을 사용할 수 있습니다.

ChatGPT의 "Builder profile"은 사용자의 대화 스타일과 선호도에 맞춰 개인화된 대화 경험을 제공하는 기능입니다. 이 설정을 사용하면 ChatGPT는 대화 내용, 질문 유형, 그리고 사용자의 반응을 기반으로 학습하여, 시간이 지남에 따라 더 맞춤화된 대답과 상호작용을 제공할 수 있습니다.

유료 버전의 화면으로 ChatGPT3.5, GPT4, Plugins의 선택이 가능합니다.

또한 ChatGPT 이외에 그림을 그릴 수 있는 DALLE를 사용할 수 있습니다.

Explore 기능으로 추가적인 기능을 선택할 수 있습니다.

[Beta features]에서 Plugins을 활성화 할 경우 Plugins 보여집니다.

Explore를 클릭하였을 때 나오는 화면으로 다양한 기능을 선택할 수 있습니다.

DALLE을 이용해서 그림 생성하기

챗GPT의 유료 버전에서는 Explore의 다양한 기능 중 그림 생성에 필요한 기능을 제공합니다. ChatGPT에서 [DALLE]를 클릭하여 사용할 수 있습니다.

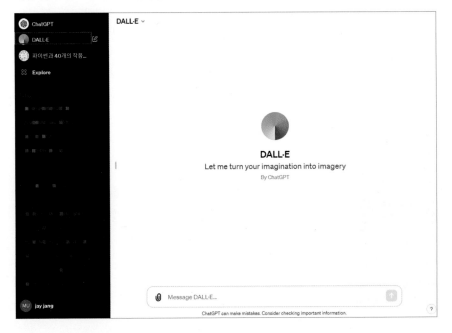

프롬프트를 입력하여 그림을 생성할 수 있습니다. 추상적으로 질문하여도 괜찮고, 구체적으로 설명하여도 됩니다.

서울을 그려달라고 요청하였습니다. 추상적인 질문을 통해 그림을 요청하였습니다.

조금 더 구체적인 요구사항을 넣어 서울을 그려보도록 하겠습니다.

요구사항에 맞게 잘 그림을 생성하였습니다.

Plugins는 ChatGPT가 기본적으로 하지 못했던 기능들을 추가적인 기능을 설치하여 사용할 수 있습니다. 뒤에 다시 다루겠지만 간단하게 PDF를 분석하는 기능, URL 접속하는 기능 등 ChatGPT가 기본적으로 하지 못했던 기능을 추가할 수 있습니다.

업무의 효율을 높이는 ChatGPT 확장 프로그램 활용하기

크롬 확장 프로그램은 구글 크롬 웹 브라우저에서 기능을 추가하거나 변경 및 삭제할 수 있습니다. 챗GPT 확장 프로그램은 자동으로 번역해주거나, 문장을 손쉽게 정리하거나, 음성으로 질문하고 답변 받기 등 사용자가 필요에 의해 편리하게 챗GPT를 사용할 수 있도록 도움을 주는 프로그램입니다.

다양한 확장 프로그램이 있지만 많이 사용하는 확장 프로그램 두 개를 소개합니다. 확장 프로그램은 작업 목적에 맞게 설치한 후 불필요할 경우 바로 삭제할 수도 있습니다.

챗GPT에서 자동번역기 사용하기

프롬프트 지니(promptgenie)는 한글을 입력하면 영어로 번역하여 질문하고 답변을 영어로 받으면 다시 한글로 번역해서 보여주는 구글 크롬 브라우저의 확장 프로그램입니다. 한글보다 영어가 답변의 질도 좋고 답변의 길이도 길기 때문에 영어로 사용할 수 있습니다. 다만 단점으로는 번역하면서 번역에 따라서 글이 매끄럽지 않을 수 있습니다.

구글 크롬에서 [...] -> [확장 프로그램] -> [Chrome 웹 스토어 방문하기]를 통해 크롬 확장 프로그램을 찾아 설치할 수 있습니다.

내가 설치한 프로그램은 [확장 프로그램 관리]에서 설치한 프로그램의 확인 또는 삭제할 수 있습니다.

"프롬프트 지니"를 검색 후 검색 항목에 [프롬프트 지니:ChatGPT 자동 번역기] 확장 프로그램이 표시되면 클릭합니다.

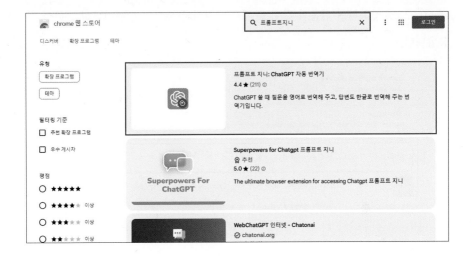

[Chrome에 추가] 버튼을 클릭하여 설치합니다.

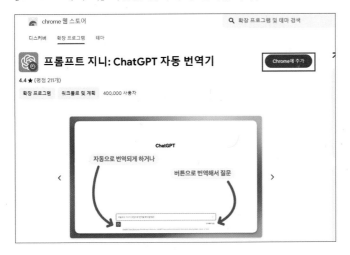

프로그램을 추가하는지 묻는 대화상자가 표시되면 [확장 프로그램 추가]를 눌러 설치합니다.

ChatGPT에 접속하면 다음과 같이 프롬프트 지니가 동작하여 번역하여 질문이 가능합니다.

쓸만한 기능으로는 프롬프트 지니 아이콘을 클릭한 다음 [웹 연결]을 사용함으로 체크하면 검색엔진의 도움을 받아 실시간 검색 답변이 가능합니다.

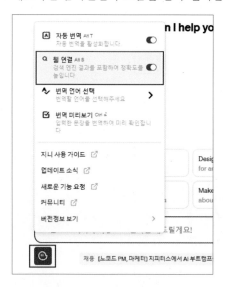

ChatGPT에서 질문을 하면 영어로 번역하여 질문합니다.

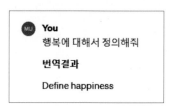

답변 또한 영어로 받고 답변을 번역하여 보여줍니다. 영어로 답변 받을 경우 한글보다 양이나 질이 좋습니다.

ChatGPT

Happiness is a complex and multifaceted emotional and psychological state characterized by a sense of well-being, contentment, joy, and satisfaction with one's life and current circumstances. It is often associated with positive emotions, such as pleasure, gratitude, love, and fulfillment, as well as a general sense of optimism and positive outlook on the future.

Happiness can vary from person to person and may be influenced by a wide range of factors, including personal values, life experiences, relationships, and external conditions. Some people find happiness in simple everyday pleasures, while others may seek it through more profound achievements, personal growth, or meaningful connections with others.

It's important to note that happiness is a subjective and individualized experience, and what brings happiness to one person may not necessarily bring it to another. Researchers in psychology and philosophy have long debated the nature of happiness and how to define and measure it, but it remains a fundamental and sought-after aspect of the human experience.

번역결과

행복이란 행복감, 만족감, 기쁨, 자신의 삶과 현재 상황에 대한 만족감을 특징으로 하는 복잡하고 다면적인 정서적, 심리적 상태입니다. 그것은 종종 즐거움, 감사, 사랑, 성취감과 같은 긍정적인 감정뿐만 아니라 일반적인 낙관주의와 미래에 대한 긍정적인 전망과 관련이 있습니다.

행복은 사람마다 다를 수 있으며 개인적인 가치관, 삶의 경험, 관계, 외부 조건 등 다양한 요인의 영향을 받을 수 있습니다. 어떤 사람들은 단순한 일상의 즐거움에서 행복을 찾는 반면, 다른 사람들은 보다 심오한 성취, 개인적 성장 또는 다른 사람 ↓ ,의 의미 있는 관계를 통해 행복을 찾을 수도 있습니

이번에는 확장 프로그램 제거하는 방법입니다.

만약 설치한 확장 프로그램을 더 이상 사용하지 않고 싶다면 아래와 같이 확장 프로그램의 삭제가 가능합니다.

유튜브 영상을 텍스트로 바꾼 후 핵심 요약하기

챗GPT를 활용한 유튜브 요약(YouTube Summary with ChatGPT& Claude)은 유튜브 영상의 텍스트로 바꾼 후 자동으로 핵심을 요약해주는 확장 프로그램입니다.

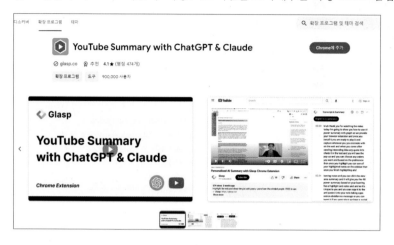

YouTube Summary with ChatGPT& Claude 확장 프로그램을 설치 후 유튜브에 접속 후 영상을 하나 열면 다음과 같이 [Transcript & Summary] 이 생성됩니다.

[Transcript & Summary]를 클릭하면 유튜브의 영상을 요약할 수 있습니다.

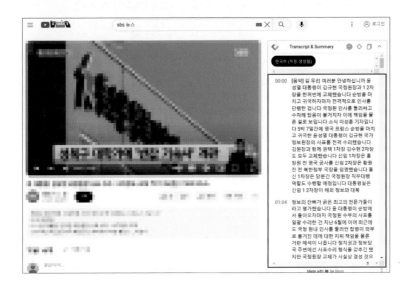

또한 설정 아이콘을 클릭한 다음 ChatGPT를 통해 질문하고 싶은 내용을 수정할 수 있습니다.

"내용을 요약해줘."로 질문을 수정하였습니다.

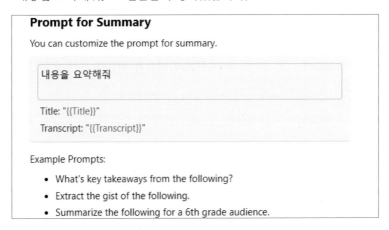

다시 유튜브로 돌아와 ChatGPT 아이콘을 클릭합니다.

ChatGPT를 통해 유튜브의 음성을 요약하는 질문을 자동으로 하였습니다.

You
내용을 요약해줘
Title: "[#이만갑모아보기] 썬킴이 알려주는 가자지구 전쟁 계기 완벽 정리! #이스라엘
#팔레스타인 #하마스 | 이제 만나러 갑니다 623 회"
Transcript: "아니 뭐 우리도 분단된지 이제 70년이 넘어가고 있는데 그러다 보니까 여
러 가지 어떤 사안에서 계속해서 격돌하고 있습니다 근데 이스라엘과 이제 팔레스타인
의 문제는 70년의 역사가 아니잖아요 훨씬 더 유구한 역사가 있는데 그 역사 속에서 얼

답변 역시 잘 받았습니다.

ChatGPT
요약:
이 썬킴의 강의는 중동 지역의 이스라엘과 팔레스타인 갈등의 역사를 이해하는 데 도
움을 주는 것입니다. 이 역사는 고대로 거슬러 올라가며 유대인과 아랍인 간의 종교와
역사적인 요인들로부터 비롯되었습니다. 이 갈등은 지금까지도 계속되고 있으며, 이를
이해하기 위해서는 오랜 역사와 다양한 정치적 요소를 고려해야 합니다. 초기에는 로
마 제국과의 충돌, 영국의 개입, 이중 계약 등이 중요한 역할을 했습니다. 이를 통해 이
스라엘과 팔레스타인 갈등의 복잡성과 역사적 배경을 이해할 수 있습니다.

유용한 확장 프로그램은 이 외에도 "ChatGPT for ChatGPT", "WebChatGPT"
등 다양한 목적의 유용한 확장 프로그램이 있고, 꾸준히 새로운 확장 프로그램도
개발되고 있으니 목적에 맞는 확장 프로그램을 잘 활용하면 더 ChatGPT의 활용
도를 더 높일 수 있는 방법일 것입니다.

- ChatGPT for ChatGPT : 챗GPT에 맞는 질문의 형식을 메뉴로 구성해 놓은 확
  장 프로그램입니다. 글쓰기, 제목 만들기 등이 가능합니다.
- WebChatGPT : 챗GPT가 지원하지 않는 최신 웹 검색 결과를 볼 수 있는 확장
  프로그램입니다.

업무의 효율을 높이는 ChatGPT 플러그인 활용하기

ChatGPT의 플러그인은 플러스 챗GPT 유료 버전(GPT-4, 2023년 11월 현재 기
준) 가입자만 사용할 수 있는 기능으로 기본 기능 외에 추가로 적용할 수 있는 기
능입니다.

플러스(유료) 회원의 경우 [Beta features]에서 Plugins 기능을 활성화해야 사용 가능합니다.

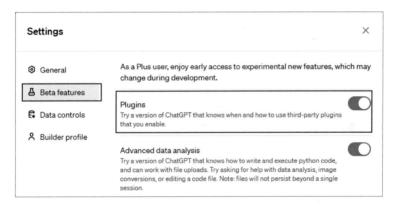

내가 설치한 플러그인을 확인할 수 있습니다. 또한 [Plugin store]에서 플러그인을 설치와 삭제할 수 있습니다.

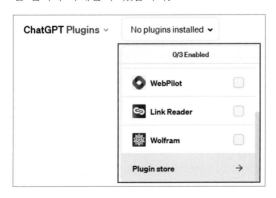

[Plugin store]에서 플러그인은 [Install]하면 설치가 완료됩니다.

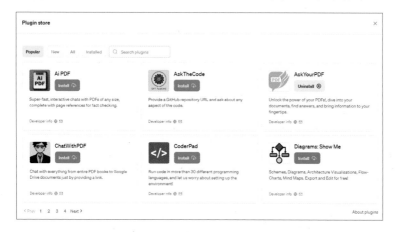

[Installed] 탭에서는 설치된 플러그인의 확인 및 삭제할 수 있습니다.

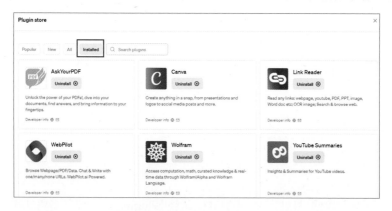

플러그인은 체크박스를 통해 최대 3개까지 선택할 수 있습니다.

데이터를 분석해서 그래프 답변 그리기 : Wolfram

울프람(Wolfram) 플러그인은 수학 분석, 데이터 분석, 그래프, 정보 검색뿐만 아니라 해부학, 음악 분야 등에서도 활용할 수 있습니다.

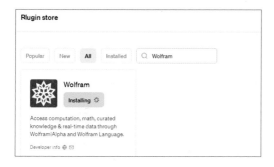

플러그인의 기능이 궁금하다면 ChatGPT에게 플러그인에 대한 질문을 통해 답변을 받을 수 있습니다.

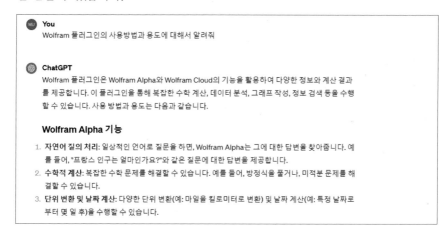

You
Wolfram 플러그인의 사용방법과 용도에 대해서 알려줘

ChatGPT
Wolfram 플러그인은 Wolfram Alpha와 Wolfram Cloud의 기능을 활용하여 다양한 정보와 계산 결과를 제공합니다. 이 플러그인을 통해 복잡한 수학 계산, 데이터 분석, 그래프 작성, 정보 검색 등을 수행할 수 있습니다. 사용 방법과 용도는 다음과 같습니다.

Wolfram Alpha 기능
1. **자연어 질의 처리:** 일상적인 언어로 질문을 하면, Wolfram Alpha는 그에 대한 답변을 찾아줍니다. 예를 들어, "프랑스 인구는 얼마인가요?"와 같은 질문에 대한 답변을 제공합니다.
2. **수학적 계산:** 복잡한 수학 문제를 해결할 수 있습니다. 예를 들어, 방정식을 풀거나, 미적분 문제를 해결할 수 있습니다.
3. **단위 변환 및 날짜 계산:** 다양한 단위 변환(예: 마일을 킬로미터로 변환) 및 날짜 계산(예: 특정 날짜로부터 몇 일 후)을 수행할 수 있습니다.

Wolfram Cloud 기능
1. **Wolfram Language 코드 실행:** Wolfram Language를 사용하여 복잡한 계산이나 데이터 분석을 수행할 수 있습니다. 이는 프로그래밍 언어를 사용하여 더 정교한 계산이나 분석을 필요로 하는 경우에 유용합니다.
2. **그래프 및 데이터 시각화:** 데이터를 그래프로 시각화하거나, 복잡한 수학 함수의 그래프를 그릴 수 있습니다.
3. **정보 검색 및 데이터 분석:** 특정 주제에 대한 정보를 검색하거나, 주어진 데이터 세트를 분석할 수 있습니다.

사용 예시
- **수학 문제 해결:** "x^2 - 5x + 6 = 0의 해는 무엇인가요?"와 같은 방정식을 풀 수 있습니다.
- **데이터 시각화:** 특정 데이터 세트에 대한 그래프를 작성할 수 있습니다.
- **정보 검색:** "태양계의 행성은 몇 개인가요?"와 같은 질문에 대한 답변을 얻을 수 있습니다.

이러한 기능들은 교육, 연구, 데이터 분석, 일상 생활의 다양한 문제 해결에 유용하게 사용될 수 있습니다.

간단하게 파동방정식에 대해서 질문하였습니다.

기존에 ChatGPT는 글자만 답변을 하였지만 Wolfram 플러그인을 적용하면 플러그인이 동작하여 그래프를 그려주었습니다.

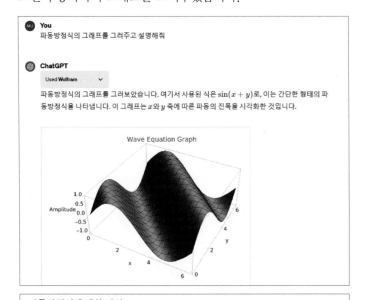

파동방정식에 대한 설명

- **파동방정식**: 파동방정식은 파동의 전파를 기술하는 물리학적 방정식입니다. 이 방정식은 시간과 공간에 따른 파동의 변화를 나타냅니다.
- **사용된 식의 의미**: 여기서 사용된 $\sin(x+y)$는 가장 간단한 형태의 파동을 나타냅니다. x와 y는 공간적 좌표를 나타내며, 이 식은 이러한 좌표에 따라 파동의 진폭이 어떻게 변하는지를 보여줍니다.
- **그래프의 특징**: 이 그래프에서는 x와 y 축을 따라 파동이 전파되는 모습을 볼 수 있습니다. 진폭은 $\sin$ 함수의 특성에 따라 -1과 1 사이에서 변화하며, 파동의 '봉우리'와 '골짜기'가 번갈아 나타납니다.

  이러한 파동방정식은 물리학, 공학, 음향학 등 다양한 분야에서 중요한 역할을 합니다. 예를 들어, 음파, 전자기파, 빛의 파동 등을 설명하는 데 사용됩니다.

웹사이트에 접속하여 데이터를 가져와 답변하기 : WebPilot

웹파일럿(WebPilot)은 URL을 제공하면 접근해서 정보 검색, 데이터 분석 및 추출, 데이터 번역 및 요약 등 다양한 기능을 제공하는 챗GPT 기능을 극대화시키는 강력한 플러그인입니다.

"대한민국 gdp 변화"를 검색하고,

나무위키 사이트의 주소를 복사하였습니다.

WebPilot의 플러그인을 체크한 다음 복사된 웹 주소를 통해 질문을 하였습니다. WebPilot 플러그인이 웹사이트에 접속하여 데이터를 가져와 답변을 하였습니다. ChatGPT의 기본 기능은 웹에 접속할 수 없었지만 플러그인 기능을 활용하여 웹에 접속하였습니다. 웹에 접속하는 플러그인은 WebPilot외에 다른 플러그인도 많이 있습니다.

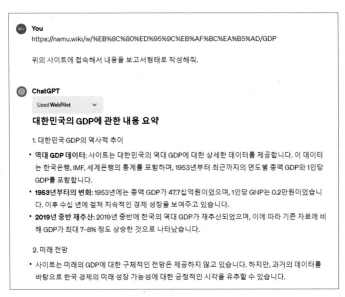

복잡한 디자인 작업 없이 ChatGPT에서 홍보 포스터 만들기 : Canva

canva 플러그인은 디자인 전문 사이트 캔바(canva)에서 제공하는 다양한 템플릿을 검색하여 사용할 수 있게 하는 플러그인입니다.

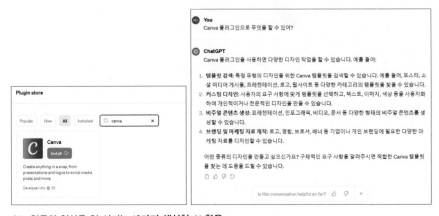

홍보 포스터를 만들기 위해 canva 플러그인을 적용한 다음 질문하였습니다.

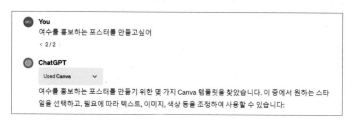

canva 사이트에 다양한 템플릿 중 포스터와 어울리는 템플릿을 찾아 보여주었습니다. 링크 주소를 클릭하면 canva 사이트로 이동하여 템플릿의 수정이 가능합니다.

질문을 PDF 문서에서 분석하여 답변하기 : AskYourPDF

애스크유PDF(AskYourPDF)는 사용자가 PDF 문서 파일에 질문하면, PDF 파일 내용을 분석하여 그에 맞는 답변을 찾아주는 플러그인입니다.

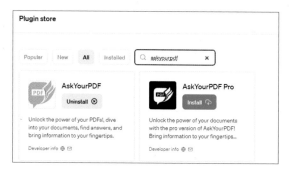

AskYourPDF 플러그인을 사용하기 위해서는 먼저 PDF 문서 파일을 업로드해야 합니다. 업로드 방법은 다음과 같이 두 가지 방법이 있습니다.

첫째, 주소(URL)을 사용해서 업로드하기

둘째, 로컬 PDF 업로드하기

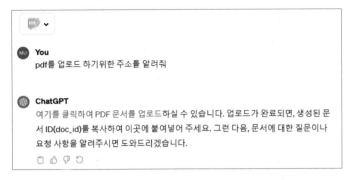

아래의 주소(URL)에서 pdf 파일을 업로드 할 수 있습니다.

• https://askyourpdf.com/upload

pdf를 업로드 후 생성되는 id를 통해 ChatGPT에 질문 할 수 있습니다.

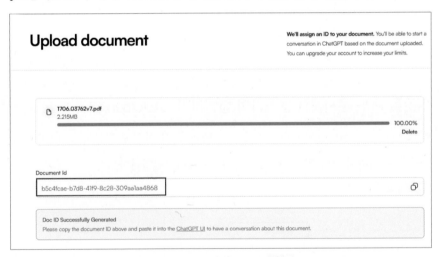

생성된 id를 통해 질문하였습니다. pdf의 내용을 바탕으로 질문 답변이 가능합니다.

로컬 PDF 업로드 방법은 [Upload] 버튼을 누른 후 컴퓨터에서 pdf 파일을 선택하여 업로드하면 됩니다.

유튜브 동영상 요약하기 : YouTube Summaries

앞에서 설명한 유튜브를 요약하는 크롬 확장 프로그램이지만, YouTube Summaries는 유튜브 동영상을 요약하는 플러그인입니다.

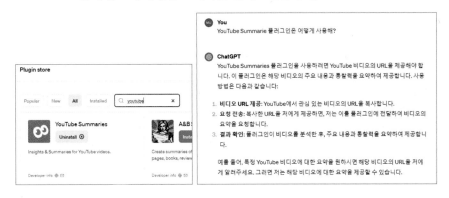

유튜브의 주소를 바로 입력한 다음 질문하면 유튜브를 요약해줍니다.

앞에서 설명한 플러그인 외에도 다양한 플러그인이 하루가 멀다하게 출시되고 있습니다. 다양한 플러그인 기능을 활용하여 업무의 생산성을 더 높일 수 있습니다.

ChatGPT에서 나만의 챗봇 만들기

GPTs는 내가 학습시킨 데이터를 바탕으로 챗봇을 만드는 기능으로 사용자가 정보를 입력해서 그것을 중점으로 답변해주는 챗봇을 만들 수 있습니다.

[Explore]에서 [Create a GPT]를 클릭하여 나만의 챗봇을 만들 수 있습니다.

필자가 집필한 [파이썬과 40개의 작품들]의 질문 챗봇을 만들기 위해서 책의 내용을 넣었습니다. 그리고 아래 어떤 챗봇인지 설명하였습니다.

위에서 입력한 데이터를 바탕으로 바로 나만의 챗봇이 생성되었습니다.

한 번에 완벽하게 만들 수는 없기 때문에 만들어진 다음에 [Configure]를 통해 수정이 가능합니다.

실제로 만든 챗봇으로 저자에 대해서 질문을 하였더니 입력한 내용으로 잘 설명을 해줍니다.

나만 사용할 건지, 링크의 사용자도 사용할 건지, 모두 사용할 건지를 정할 수 있습니다.

이처럼 사용자가 데이터를 입력하여 학습시키고 학습된 데이터를 바탕으로 챗봇을 만드는 서비스를 10분도 안 되어서 잘 구현하였습니다.

ChatGPT가 가장 기본이 되는 인공지능 챗봇으로 다양한 서비스들도 ChatGPT와 유사한 방식으로 사용이 가능합니다.

01 _ 3 뤼튼 이해와 활용 방법

뤼튼(wrtn)은 AI 채팅부터 AI 이미지 생성은 물론, 나만의 AI 제작까지 다양한 기능 무료로 사용할 수 있는 한국에서 만든 인공지능 챗봇입니다.

뤼튼 특징

- 한국어를 잘함
- GPT4까지 무료로 사용 가능(2023년 기준)
- 실시간 검색이 가능
- 이미지 생성 기능
- 다양한 언어 모델의 선택이 가능
- 프롬프트의 예시 등이 한국 실정에 맞게끔 잘 되어있음

아래의 뤼튼 사이트에 접속합니다.

- https://wrtn.ai/

2023년 12월 20일부터는 한도 없이 무료로 사용 가능할 예정입니다.

뤼튼의 특징으로는 GPT-4의 무료 사용이 가능합니다. 또한 GPT 모델 외에 PalM2의 모델도 제공합니다.

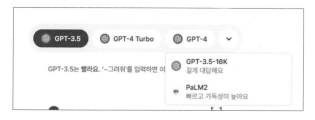

"그려줘"를 마지막에 입력하면 그림을 그려줍니다.

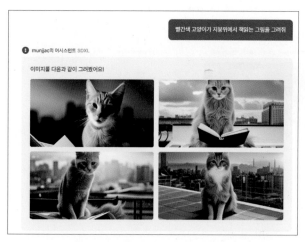

[프롬프트 허브]를 통해 다양한 프롬프트의 예시를 제공하여 더 나은 답변을 받을 수 있는 가이드를 제공합니다.

AI 스토어에서는 다양한 인공지능 챗봇을 활용해 볼 수 있습니다.

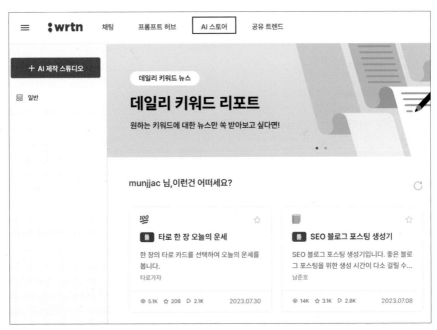

질문 입력부분에 실시간 검색 부분을 켬으로 설정 시 실시간 데이터에 대한 질문
도 가능합니다.

실시간 검색 기능을 켠 다음 서울 날씨를 질문하였습니다.

답변받은 내용과 비교해보면 실시간으로 답변받았음을 확인할 수 있습니다.

[AI 설정]을 통해 답변의 스타일 및 플러그인의 설정이 가능합니다.

프롬프트에서는 답변의 말투 설정이 가능하고 [고급설정] 기능은 맥락 등을 정보를 입력하면 정보에 따른 답변을 해줍니다.

플러그인에서는 아래와 같이 플러그인의 활용이 가능합니다.

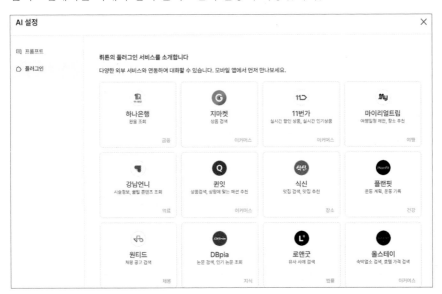

뤼튼은 한국어를 기반으로 한국에서 서비스하기 때문에 한국어에 강하고 GPT4를 무료로 사용할 수 있다는 장점이 있습니다. ChatGPT를 유료로 사용하기에 부담스럽다면 뤼튼을 주로 사용해도 될 정도로 매우 훌륭한 서비스입니다.

01 _ 4 빙챗, 코파일럿 이해와 활용 방법

빙챗(BingChat)은 ChatGPT 모델이 적용된 AI 검색엔진으로 텍스트는 물론 이미지도 이해하고 처리하는 마이크로소프트에서 서비스하는 인공지능 챗봇입니다. 특히 다른 웹브라우저보다는 윈도우의 엣지 브라우저에 최적화되어 있습니다. 빙챗은 비즈니스, 고객지원, 업무 자동화 등 다양한 목적으로 활용되고 있습니다.

빙챗 특징

- 사용자 입력을 자연어 처리 기술을 통해 이해하고 답변 생성함
- 사용자의 이전 대화 내용을 기반으로 개인화된 경험을 제공함
- 텍스트는 물론 음성, 이미지 등 다양한 형태의 입력 처리가 가능함
- 다양한 업무 자동화를 위해 활용할 수 있음

다음은 빙챗 사이트입니다.

- https://www.bing.com/chat

※ 2023년 12월 빙챗(BingChat)의 브랜드명이 코파일럿(Copilot)으로 변경되었습니다. 이 책에서는 빙챗과 코파일럿을 혼용해서 사용하겠습니다.

마이크로소프트 계정을 만들어 로그인합니다.

대화의 스타일을 직관적으로 선택할 수 있습니다.

빙챗의 특징으로는 답변 후 어떤 근거로 답변을 받았는지에 대한 확인이 가능합니다.

답변을 받은 후 자세한 정보 부분에서 답변을 할 때 사용한 정보의 링크를 확인할 수 있습니다. 답변의 링크를 확인할 수 있기 때문에 거짓말을 자연스럽게 할 확률이 적고 더욱더 정확한 답변을 얻을 수 있습니다.

윈도우11의 경우 최신버전으로 업데이트하면 아래와 같이 윈도우 시작 메뉴 옆에 copilot 기능이 기본으로 포함되어 있습니다. 코파일럿 아이콘에 PRE라고 표시되어 있는데, 2023년 현재 프리뷰 버전입니다. 코파일럿은 주로 프로그래밍 환경에서 개발자들을 지원하기 위해 설계된 AI 기술입니다.

코파일럿 특징

– 프로그래밍 관련에 최적화 됨
– 프로그래밍 언어에서 작동하는 다양한 코드 생성이 가능함

코파일럿(Copilot) 아이콘을 클릭하면 화면의 오른쪽에 Copilot이 생성됩니다.

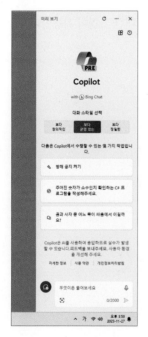

윈도우의 기본 기능에 포함되어 있기 때문에 다른 프로그램을 열어둔 상태에서 오른쪽에 질문하면서 사용할 수 있습니다.

예를 들어 엑셀을 열어둔 상태에서 오른쪽의 copilot으로 질문을 통해 수식과 같은 답변을 얻을 후 바로 적용할 수 있습니다. 다른 채팅 서비스는 답변을 웹에서 받은 후 내가 사용하는 프로그램에 이동하여 적용해야 되는 반면 copilot은 바로 바로 확인 후 적용할 수 있다는 장점이 있습니다.

copilot의 이름을 보면 코딩이 떠오릅니다. 코딩할 때 정말 유용하게 사용할 수 있습니다. 많은 프로그래머들은 코드의 함수, 클래스 등의 기능을 외워서 사용하지는 않습니다. 이때 copilot에게 기능을 설명해주고 적당한 코드를 추천받아서 바로 적용이 가능합니다. 코딩할 때 여러 화면의 이동없이 오른쪽에 질문을 할 수 있는 copilot을 열어두고 프로그램을 작성하면 매우 편리합니다.

01 _ 5 바드 이해와 활용 방법

바드(Bard)는 구글이 개발한 대화형 생성형 AI 챗봇 사이트입니다.

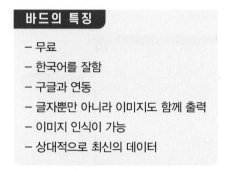

바드의 특징

- 무료
- 한국어를 잘함
- 구글과 연동
- 글자뿐만 아니라 이미지도 함께 출력
- 이미지 인식이 가능
- 상대적으로 최신의 데이터

구글 바드 사이트입니다.

• https://bard.google.com/?hl=ko

구글 계정으로 로그인한 다음 사용합니다.

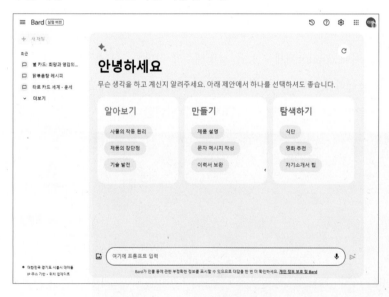

바드의 경우 질문의 답변을 구글에서 검색한 것처럼 다양한 이미지와 함께 답변을 해줍니다.

제주도를 3박4일 7살 아이와 여행할거야. 여행일정을 짜줘

다른 답안 보기 ∨

 알겠습니다. 7살 아이와 함께하는 제주도 3박4일 여행 일정을 다음과 같이 추천해 드립니다.

1일차

- 오전: 김포공항에서 제주공항으로 출발 (1시간 30분 소요)

김포공항

- 오후: 렌터카 픽업 후, 호텔 체크인
- 저녁: 한라봉 빙수와 오메기떡으로 제주도 맛보기

그림은 어디서 가져왔는지 링크가 함께 있어 클릭 시 링크로 이동합니다.

1일차

- 오전: 김포공항에서 제주공항으로 출발 (1시간 30분 소요)

김포공항

- 오후: 렌터카 픽업 후, 호텔 체크인
- 저녁: 한라봉 빙수와 오메기떡으로 제주도 맛보기

2일차

- 오전: 성산일출봉 관광

답변은 하나가 아닌 여러개의 답변을 제공합니다. [다른 답안 보기]를 클릭하여 더 마음에 드는 답변을 선택할 수 있습니다.

답변에서 [대답 수정] 버튼을 눌러 답변을 수정할 수 있습니다. 짧게, 길게, 간결하게, 캐주얼하게, 전문적으로 등 다양한 형식의 답변 수정이 가능합니다.

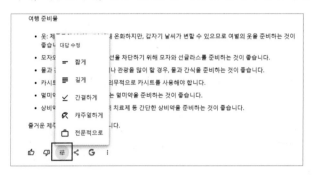

답변 질문의 요점을 파악하여 바로 구글 검색을 할 수 있습니다. 구글 아이콘을 클릭한 다음 질문 내용을 클릭하면 구글 검색이 됩니다.

구글에서 검색된 결과입니다.

바드는 이미지를 이용한 검색 기능을 활용할 수 있습니다.

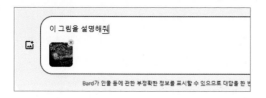

이미지를 이해하며 이미지에 대한 내용을 분석하여 설명이 가능합니다.

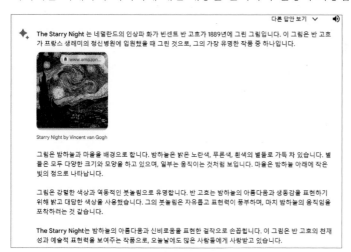

구글과 연동되어 실시간으로 검색도 가능합니다.

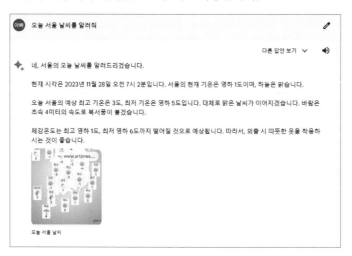

01 _ 6 클로바x 이해와 활용 방법

클로바x(CLOVA X)는 네이버에서 서비스하는 인공지능 플랫폼인 CLOVA의 확장 버전입니다.

네이버는 국내 기업으로 네이버쇼핑, 네이버여행 등의 국내에서 많이 사용하고 필요로 하는 정보를 제공해주므로 유용하게 사용이 가능합니다.

클로바x 특징

- 무료
- 한국어를 잘함
- 파일을 업로드하고 답변받을 수 있음
- 네이버쇼핑, 네이버여행 등의 정보를 바탕으로 답변받을 수 있음
- 음성식인, 자연어처리, 이미지 인식이 가능함
- 인공지능 기술을 내 제품이나 서비스에 적용할 수 있음

클로바의 음식인식, 이미지인식, 저연어처리 등 인공지능 기술과 서비스를 활용하면 음성 명령을 인식하고 처리하거나, 이미지에서 객체나 얼굴을 인식하는 제품이나 서비스에 적용할 있습니다.

다음은 클로바x 사이트 주소입니다.

- https://clova-x.naver.com/

네이버 아이디로 로그인한 다음 사용합니다.

일반적인 질문에 대한 답변을 잘 합니다.

네이버는 한국 기업이다 보니 한국어로 질문 답변을 잘 합니다.

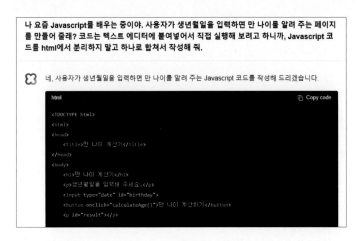

나 요즘 Javascript를 배우는 중이야. 사용자가 생년월일을 입력하면 만 나이를 알려 주는 페이지를 만들어 줄래? 코드는 텍스트 에디터에 붙여넣어서 직접 실행해 보려고 하니까, Javascript 코드를 html에서 분리하지 말고 하나로 합쳐서 작성해 줘.

네, 사용자가 생년월일을 입력하면 만 나이를 알려 주는 Javascript 코드를 작성해 드리겠습니다.

```html
<!DOCTYPE html>
<html>
<head>
    <title>만 나이 계산기</title>
</head>
<body>
    <h1>만 나이 계산기</h1>
    <p>생년월일을 입력해 주세요.</p>
    <input type="date" id="birthday">
    <button onclick="calculateAge()">만 나이 계산하기</button>
    <p id="result"></p>
```

네이버 클로바x의 특징은 [스킨설정] 버튼을 On으로 할 경우 파일을 업로드해서 파일에 대한 내용을 답변받을 수 있고, 또한 네이버쇼핑, 네이버여행, 쏘카(자동차 대여) 서비스와 연동되어 답변을 받을 수 있습니다.

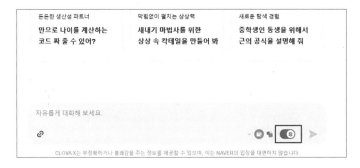

파일 아이콘을 클릭하여 PDF, TXT, HWP, DOCX 파일을 업로드하여 답변을 받을 수 있습니다.

단 문서 업로드의 경우 하루 3회로 제한되어 있습니다. 또한 개인정보가 포함된 문서나 저작물의 경우 업로드하지 말아야 합니다.

문서를 올리면 문서의 분석이 시작됩니다.

문서의 분석을 완료 후 요약된 내용을 출력합니다.

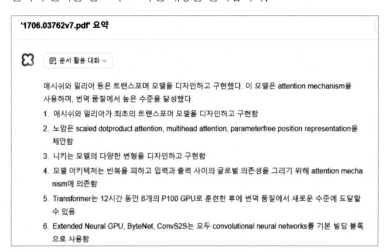

이제 문서에 대한 내용으로 대화가 가능합니다.

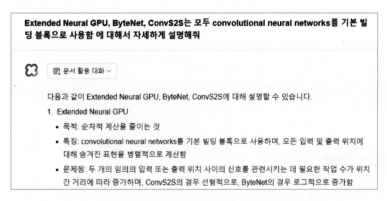

[스킨설정]을 켠 상태로 질문을 하면 네이버 여행의 스킨이 동작하여 답변합니다.

ChatGPT의 플러그인과 비슷한 기능으로 보면 됩니다.

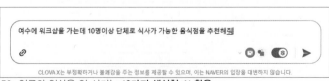

네이버 여행에서 얻을 정보로 답변해 주었습니다.

또한 링크가 연결되어 링크를 클릭 시 바로 확인이 가능합니다.

보고서로 사용하기 위해 표로 필요하면 표로 만들어 달라는 질문을 통해 다음과 같이 표 형식의 답변을 받을 수 있습니다.

01 _ 7 노션 이해와 활용 방법

노션(Notion)은 인공지능 챗봇만 서비스를 하고 있지는 않지만 인공지능으로 글쓰기, 표 작성 등 다양한 기능을 활용하여 생산성을 높일 수 있습니다. 다만 2023년 11월 기준 인공지능으로 글쓰는 횟수의 제한이 있어 모두 사용하면 월 10달러 이상의 유료로 사용해야 합니다.

노션 특징

– 문서를 AI로 바로 작성할 수 있습니다.
– 표의 수정 등이 편리함

다음은 노션 사이트 주소입니다.

• https://www.notion.so/ko-kr

빈페이지를 하나 만든 다음 진행합니다.

글을 작성하는 부분에 [스페이스바]를 누르면 인공지능으로 글짓기 기능을 사용할 수 있습니다.

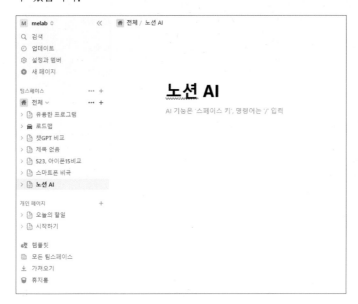

S23과 아이폰15를 비교하는 글을 써달라고 요청하였습니다.

다음과 같이 노션 인공지능이 글을 작성하였습니다.

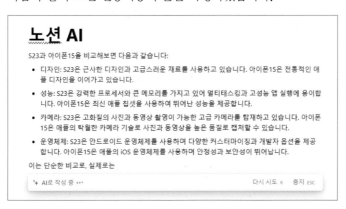

앞의 글을 표로 생성해 달라고 요청하였습니다. 표로 생성해주었습니다.

- 성능: S23은 강력한 프로서서와 큰 메모리를 가지고 있어 멀티태스킹과 고성능 앱 실행에 용이합니다. 아이폰15은 최신 애플 칩셋을 사용하여 뛰어난 성능을 제공합니다.
- 카메라: S23은 고화질의 사진과 동영상 촬영이 가능한 고급 카메라를 탑재하고 있습니다. 아이폰15은 애플의 탁월한 카메라 기술로 사진과 동영상을 높은 품질로 캡처할 수 있습니다.
- 운영체제: S23은 안드로이드 운영체제를 사용하며 다양한 커스터마이징과 개발자 옵션을 제공합니다. 아이폰15은 애플의 iOS 운영체제를 사용하며 안정성과 보안성이 뛰어납니다.

이는 단순한 비교로, 실제로는 개별 제품의 세부 사양과 사용자 선호도에 따라 선택해야 합니다.

	디자인	성능	카메라	운영체제
S23	근사한 디자인과 고급스러운 재료	강력한 프로서서와 큰 메모리를 가지고 있음	고화질의 사진과 동영상 촬영이 가능한 고급 카메라	안드로이드 운영체제, 다양한 커스터마이징과 개발자 옵션 제공
아이폰15	전통적인 애플 디자인을 이어감	최신 애플 칩셋을 사용하여 뛰어난 성능을 제공함	애플의 탁월한 카메라 기술	애플의 iOS 운영체제, 안정성과 보안성이 뛰어남

이는 개별 제품의 세부 사양과 사용자 선호도에 따라 선택해야 합니다.

AI에게 다음 할 일을 알려주세요.

⚠ AI 응답의 내용은 부정확하거나 오해의 소지가 있을 수 있습니다. 자세히 알아보기

✓ 완료
∠ 이어 쓰기
☰ 늘려 쓰기
☆ 즐겨찾기에 추가
↩ 다시 시도
✕ 닫기   Escape

완료하지 않고 표를 수정할 수도 있습니다. 가격정보를 표시해달라고 하였습니다.

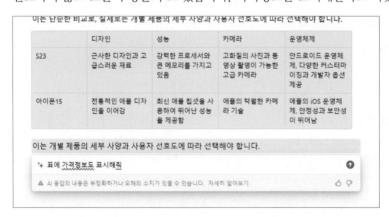

	디자인	성능	카메라	운영체제
S23	근사한 디자인과 고급스러운 재료	강력한 프로서서와 큰 메모리를 가지고 있음	고화질의 사진과 동영상 촬영이 가능한 고급 카메라	안드로이드 운영체제, 다양한 커스터마이징과 개발자 옵션 제공
아이폰15	전통적인 애플 디자인을 이어감	최신 애플 칩셋을 사용하여 뛰어난 성능을 제공함	애플의 탁월한 카메라 기술	애플의 iOS 운영체제, 안정성과 보안성이 뛰어남

이는 개별 제품의 세부 사양과 사용자 선호도에 따라 선택해야 합니다.

✦ 표에 가격정보도 표시해줘

⚠ AI 응답의 내용은 부정확하거나 오해의 소지가 있습니다. 자세히 알아보기

가격정보가 표에 추가되었습니다. 노션 인공지능을 이용하여 다양하게 수정이 가능합니다.

	디자인	성능	카메라	운영체제	가격
S23	근사한 디자인과 고급스러운 재료	강력한 프로세서와 큰 메모리를 가지고 있음	고화질의 사진과 동영상 촬영이 가능한 고급 카메라	안드로이드 운영체제, 다양한 커스터마이징과 개발자 옵션 제공	1,000,000 원
아이폰15	전통적인 애플 디자인을 이어감	최신 애플 칩셋을 사용하여 뛰어난 성능을 제공함	애플의 탁월한 카메라 기술	애플의 iOS 운영체제, 안정성과 보안성이 뛰어남	1,200,000 원

이는 개별 제품의 세부 사양과 사용자 선호도, 가격에 따라 선택해야 합니다.

✦ AI에게 다음 할 일을 알려주세요.   ⟳   ‹ 3/3 ›

⚠ AI 응답의 내용은 부정확하거나 오해의 소지가 있을 수 있습니다. 자세히 알아보기   👍 👎

✓ 완료
∠ 이어 쓰기
≣ 늘려 쓰기

↶ 다시 시도
✕ 닫기   Escape

01 _ 8 6가지 인공지능 챗봇 비교와 내 업무에 맞게 혼합해서 사용하기

지금까지 알아본 ChatGPT, 뤼튼, 클로바x, 바드, 코파일럿(빙챗), 노션 등 6가지 인공지능 챗봇을 알기 쉽게 비교해 본 후 나에게 맞는 챗봇 서비스를 활용해 봅시다.

다음은 6가지 인공지능 챗봇을 비교한 표입니다.

서비스	회사	요금	특징
ChatGPT	OpenAI	무료/유료 월20$	– 기본성능이 좋음 – 언어생성 능력이 좋음(창의력 좋음) – 유료버전 사용 시 서비스 기능이 가장 많이 제공됨
뤼튼	뤼튼	무료	– 완전 무료 – 이미지생성 가능 – 다양한 언어모델 선택 가능 – 한국어 잘함
클로바x	네이버	무료	– 무료 – 파일업로드를 통한 답변 가능(하루 3회) – 네이버쇼핑, 여행, 쏘카 등의 정보를 이용하여 답변 가능
바드	구글	무료	– 구글의 정보를 이용한 답변 가능 – 이미지를 이용한 답변, 이미지의 생성은 아니고 다양한 이미지를 가져와 답변해줌 – 한국어 성능 좋음
코파일럿 (빙챗)	마이크로소프트	무료	– 무료 – 윈도우에 기본 앱으로 들어가 있음 (최신 업데이트 시) – 코드를 잘 작성함 – 답변의 근거를 알려주어 신뢰도가 높음
노션	노션	무료/유료 월10$이상	– 업무협업 – 표 수정 등 실제 업무에 활용할만한 인공지능

다양한 인공지능 챗봇이 있으므로 업무에 ChatGPT만 사용하지 말고 다양한 챗봇의 특징을 이용해서 사용해봅니다.

※ 2023년 12월 빙챗(BingChat)의 브랜드명이 코파일럿(Copilot)으로 변경되었습니다. 이 책에서는 빙챗과 코파일럿을 혼용해서 사용하겠습니다.

ChatGPT를 유료로 사용하기 부담스럽다면 뤼튼, 클로바x, 바드, copilot(빙챗)을 이용하여 챗봇을 활용해 보는 것을 추천드립니다.

- ChatGPT의 GPT-4를 무료로 사용하고 싶다면

ChatGPT는 GPT-3.5보다 GPT-4의 성능이 더 뛰어나고 제공되는 기능과 서비스가 더 많습니다. 만약 GPT-4에서만 제공되는 기능을 무료로 사용해보고 싶다하면 뤼튼을 사용합니다. 뤼튼에서는 GPT-3.5와 GPT-4는 물론 GPT-4 Turbo까지 선택해서 사용할 수 있기 때문입니다.

- 그림을 생성하고 싶다면

그림을 생성을 목적으로 챗봇을 사용하고 싶다면 뤼튼, copilot(빙챗)을 혼합해서 이용하면 한 가지 챗봇을 사용했을 때보다 더 효율적이고 만족스러운 답변을 받을 수 있습니다.

- 회사 워크숍용 국내 여행의 정보 얻기

회사에서 워크숍을 가는데 국내 여행의 정보를 알고 싶다면 네이버x를 이용하여 네이버여행 정보에 대한 질문하여 답변 받고, 그 결과를 표로 만들어 활용할 수 있습니다.

- 코딩해서 프로그램을 만들고 싶다면

프로그램을 작성할 때는 copilot(빙챗)을 열어두고 사용하면서 잘 모르는 부분을 질문하면서 작성하면 업무 생산성이 매우 올라갑니다.

이처럼 다양한 서비스들이 각각의 특색에 맞게 출시되었습니다. 사용자는 원하는 기능을 잘 알려주는 다양한 챗봇을 잘 선택하여 사용하면 됩니다.

이 책에서도 하나의 챗봇만 아니라 특징에 맞는 다양한 챗봇을 활용하여 작품을 진행해보도록 하겠습니다.

PC에 챗봇 설치하여 무료로 사용하기

PC에 챗봇을 설치하여 무료로 사용해보도록 합니다. PC에 설치하여 사용하기 때문에 무료로 사용 가능하며 사용량의 제한도 없습니다. 또한 가장 중요한 부분인 내가 질문한 내용의 유출이 없이 사용 가능합니다. ChatGPT나 다양한 챗봇 서비스들은 질문한 내용을 기억하여 답변을 질을 높이기 위해서 사용합니다. 기업이나 개인의 중요한 자료도 질문을 통해 다른 사람에게 답변으로 공개될수 있습니다. 챗봇을 PC에 설치하여 사용하면 유출 걱정없이 사용이 가능합니다.

02 _ 1 챗봇 설치에 필요한 PC 사양 확인하기

챗봇을 PC 설치하여 사용하기 위해서는 컴퓨터의 그래픽카드와 메모리가 충분해야 합니다.

컴퓨터의 사양을 확인하기 위해서 "cpu-z"를 검색한 다음 아래 사이트에 접속합니다.

사양은 한 번만 확인하면 되므로 설치파일이 아닌 ZIP으로된 영어파일을 다운로드 받습니다.

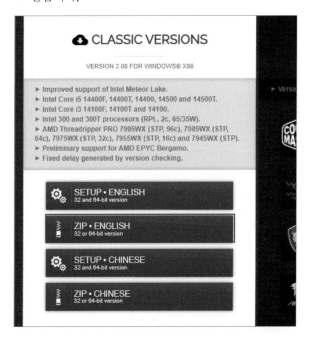

[DOWNLOAD NOW!] 버튼을 눌러 다운로드 받습니다.

다운로드 받은 파일의 압축을 풀어줍니다.

cpuz_x64.exe 파일을 더블클릭하여 실행합니다.

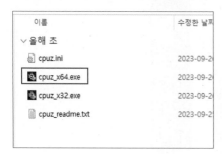

CPU-Z의 실행화면입니다. 컴퓨터의 다양한 사양을 확인할 수 있습니다.

memory 탭에서 메모리의 Size를 확인합니다. 16GByte 이상이 좋으나 모델을 로드할 때 약간 부족해 보입니다. 16GByte로 모델을 로드하는 경우 메모리는 100% 사용합니다. 메모리는 클수록 좋습니다. 컴퓨터를 다시 맞춘다면 64GByte를 추천합니다.

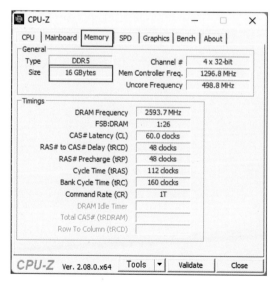

그래픽카드를 확인하기 위해서 Graphics 탭으로 이동합니다.

NVIDIA 계열의 3060, 3070, 3080, 3090, 4060, 4070, 4080, 4090 그래픽 카드를 추천합니다. 10xx, 20xx 계열의 그래픽카드의 경우 최신의 그래픽카드를 구매한 다음 설치를 추천합니다.

02 _ 2 설치하기

구글에서 "text generation webui"를 검색 후 아래의 사이트에 접속합니다.

아래 사이트에 접속하였습니다. 텍스트를 생성할 수 있는 webui를 오픈소스로 제공합니다.

- https://github.com/oobabooga/text-generation-webui

빠르게 업데이트 되고 있으므로 이 책이 출간된 이후에 UI 등은 업데이트 될 수 있습니다.

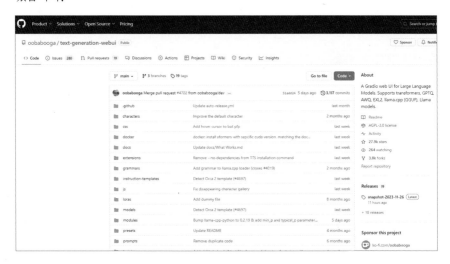

설치하기 위해서 스크롤을 아래로 내려 Installation에서 [download]를 클릭하여
다운로드 받습니다.

[text-generation-webui-main.zip] 파일이 다운로드 되었습니다.

파일을 원하는 폴더로 이동합니다. 책에서는 D 드라이브로 이동하여 사용하였습
니다. C 드라이브로 이동 시 관리자 권한으로 이동하여 사용합니다. 또는 원하는
폴더를 생성 후 사용하여도 됩니다.

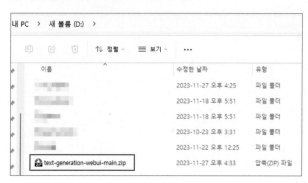

폴더의 압축을 풀어줍니다.

이름	수정한 날짜
▨▨▨▨▨	2023-11-27 오후 4:2
▨▨▨▨▨▨	2023-11-18 오후 5:5
▨▨▨	2023-11-18 오후 5:5
▨▨▨▨	2023-10-23 오후 3:3
📁 text-generation-webui-main	2023-11-22 오전 9:1
▨▨▨	2023-11-22 오후 12:
📦 text-generation-webui-main.zip	2023-11-27 오후 4:3

[start_windows.bat] 파일을 더블클릭하여 설치를 진행합니다. 파이썬, 파이썬 라이브러리가 설치됩니다. 간혹 서버의 불안정으로 인해 설치가 완료되지 않을 수 있습니다. 그런 경우에는 [text-generation-webui-main] 폴더를 삭제 후 처음부터 다시 진행합니다.

🐍 server.py	2023-11-22 오전 9:18	PY 파일
⚠ settings-template.yaml	2023-11-22 오전 9:18	Yaml 원본
📄 start_linux.sh	2023-11-22 오전 9:18	sh_auto_fil
📄 start_macos.sh	2023-11-22 오전 9:18	sh_auto_fil
🖥 start_windows.bat	2023-11-22 오전 9:18	Windows
🖥 start_wsl.bat	2023-11-22 오전 9:18	Windows

[추가정보]를 클릭 후 [실행]을 눌러 설치를 진행합니다.

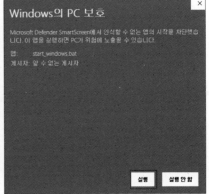

그래픽 카드의 종류를 선택 후 N을 눌러 최신의 그래픽드라이버 버전으로 설치를 진행합니다.

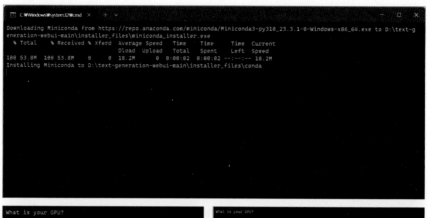

설치가 진행됩니다. 다운로드 받은 다음 설치되므로 인터넷의 속도에 따라서 오래 소요될 수 있습니다. 500메가 인터넷에 12세대 i5 컴퓨터의 경우 약 10~30분 내 외로 설치가 완료되었습니다.

```
The following packages will be downloaded:

    package                    |            build
    ---------------------------|-----------------------------
    git-2.48.1                 |          haa95532_1          69.2 MB
    ninja-1.10.2               |          haa95532_5             14 KB
    ninja-base-1.10.2          |          h6d14046_5            255 KB
    ---------------------------------------------------------------------
                                              Total:          69.5 MB

The following NEW packages will be INSTALLED:

    git                pkgs/main/win-64::git-2.48.1-haa95532_1
    ninja              pkgs/main/win-64::ninja-1.10.2-haa95532_5
    ninja-base         pkgs/main/win-64::ninja-base-1.10.2-h6d14046_5


Downloading and Extracting Packages

Preparing transaction: done
Verifying transaction: done
Executing transaction: done
Looking in indexes: https://download.pytorch.org/whl/cu121
Collecting torch
  Downloading https://download.pytorch.org/whl/cu121/torch-2.1.1%2Bcu121-cp311-cp311-win_amd64.wh
  ━━━━━━━━━━━━━━━━━━━━━━━━━━━━━━━━━━━━━ 0.1/2.5 GB 21.8 MB/s eta 0:01:49
```

설치완료 후 웹브라우저를 통해 IP주소에 접속합니다.

```
rd-0.22.0
Cloning into 'exllama'...
remote: Enumerating objects: 1523, done.
remote: Counting objects: 100% (860/860), done.
remote: Compressing objects: 100% (290/290), done.
Receiving objects: 100% (1523/1523), 949.94 KiB | 4.82 MiB/s, done.
remote: Total 1523 (delta 686), reused 684 (delta 569), pack-reused 663
Resolving deltas: 100% (1063/1063), done.
Will remove 73 (288.2 MB) tarball(s).
Will remove 1 index cache(s).
Will remove 4 (71 kB) package(s).
There are no tempfile(s) to remove.
There are no logfile(s) to remove.
Files removed: 1103


*****************************************************************
* WARNING: You haven't downloaded any model yet.
* Once the web UI launches, head over to the "Model" tab and download one.
*****************************************************************

bin D:\text-generation-webui-main\installer_files\env\Lib\site-packages\bitsandbytes\libbitsandbytes_cuda121.dll
2023-11-27 16:52:15 INFO:Loading the extension "gallery"...
Running on local URL:  http://127.0.0.1:7860

To create a public link, set 'share=True' in 'launch()'.
```

[컨트롤 + 클릭] 하면 기본 설정된 브라우저를 통해 바로 접속이 가능합니다.

```
ion-webui-main\installer_file
INFO:Loading the extension "
:  http://127.0.0.1:7860

ink  set 'share=True' in 'la
```

처음 시작화면입니다. 아직은 모델이 없어 사용할 수 없습니다.

Model 탭에서 다운로드 받은 모델의 적용이 가능합니다.

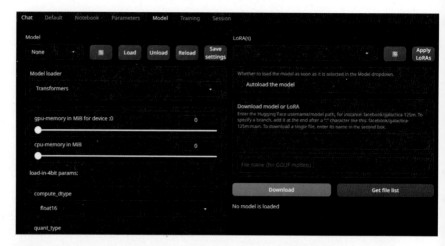

메뉴에 대한 설명은 다음 사이트에서 확인할 수 있습니다.

- https://github.com/oobabooga/text-generation-webui

스크롤을 조금 아래로 내리면 Documentation의 링크에서 설명이 되어있습니다.
아래 설명 링크를 클릭합니다.

webui에 대한 설명이 되어있습니다. 특징으로는 다양한 모델의 사용이 가능합니다.

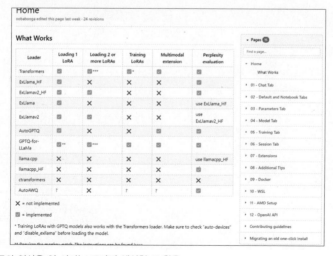

02 _ 3 모델 다운로드 및 적용하기

챗봇을 사용하기 위해서는 모델이 필요합니다. 모델을 손쉽게 다운로드 받기위해서 git을 설치합니다.

구글에서 "깃 다운로드"를 검색 후 아래 사이트에 접속합니다. 깃을 다운로드 할 수 있는 사이트입니다.

자신의 PC에 맞는 운영체제를 누릅니다. 여기서는 'Windows'를 눌러 계속 진행하겠습니다.

설치파일로 다운로드 받습니다.

다운로드 받은 설치파일을 더블클릭하여 실행합니다.

[Install] 버튼을 눌러 설치를 진행합니다.

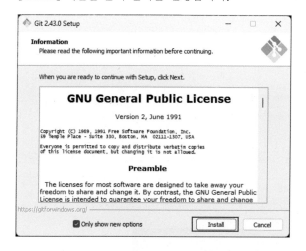

설치가 완료되었습니다. [Finish] 버튼을 눌러 설치를 끝냅니다.

모델을 다운로드 받기 위해서 구글에서 "허깅페이스"를 검색 후 아래 사이트에 접속합니다.

다음 허깅페이스 사이트에 접속합니다.

- https://huggingface.co/

허깅페이스는 인공지능 모델 등을 공유하는 유명한 사이트입니다.
[Models] 탭에서 다양한 인공지능 모델을 다운로드 받을 수 있습니다.

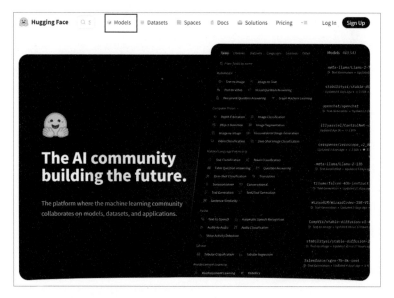

[Models]탭에서 [Text Generation]만 체크하면 다양한 모델을 볼 수 있습니다.

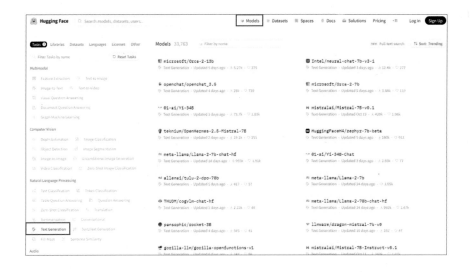

2023년 11월 27일 기준 약 3만 3천개의 모델이 있고 마이크로소프트사의
microsoft/Orca-2-13b 모델이 가장 트렌디한 모델입니다. 마이크로소프트, 인
텔, 메타(페이스북) 등에서 다양한 언어생성 모델을 제공하고 다운로드 받아서 사
용할 수 있습니다.

아래의 [penchat/openchat_3.5]부분을 클릭합니다. 가장 트렌디한 [mcrosoft/
Orca-2-13b]로 예시를 보여주고 싶었지만 [mcrosoft/Orca-2-13b]의 모델은
용량이 매우 커서 적당한 용량의 [penchat/openchat_3.5]를 선택하였습니다.

[penchat/openchat_3.5] 모델에 접속하였습니다. 버전은 업데이트 될 수 있으므로 그 시점의 트렌디한 모델을 적용하면 됩니다.

- https://huggingface.co/openchat/openchat_3.5

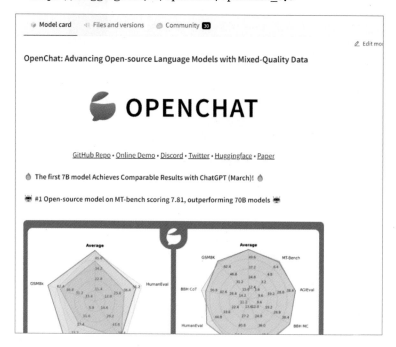

모델을 다운로드 받기 위해서는 [Files and versions]탭으로 이동한 다음 [...]을 클릭 후 [Clone repository]를 클릭합니다.

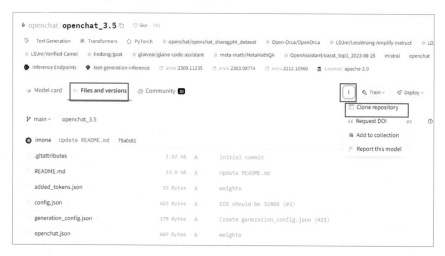

git clone으로 시작되는 주소를 복사합니다.

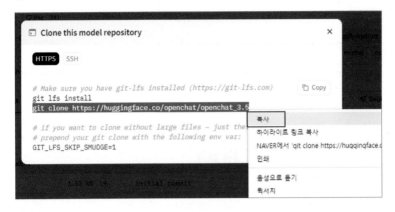

챗봇이 설치된 폴더의 models 폴더에서 마우스 오른쪽을 클릭한 다음 [터미널에서 열기]를 클릭합니다.

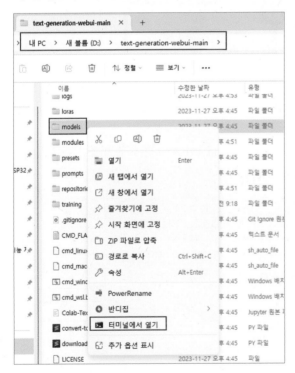

models 폴더의 경로에 터미널이 열렸습니다. 복사한 링크의 주소를 붙여넣은다음 [엔터]를 누릅니다.

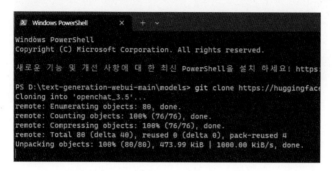

파일을 다운로드 합니다. 다운로드 시간이 20~30분가량 소요됩니다.

아래의 파일들을 자동으로 다운로드하는 과정입니다. 용량이 매우 큰 파일도 있으므로 숫자 등이 변하지 않는다고 터미널을 종료하지 않습니다.

다운로드가 완료되면 다시 터미널에 글자를 입력할 수 있는 부분이 나옵니다. "Filtering content: 100%"이 나오면 정상적으로 다운로드 된 것입니다.

models 폴더에 [openchat_3.5] 폴더가 생성되었습니다.

다음과 같이 허깅페이스의 모델들이 모두 다운로드 되었습니다.

모델을 적용하기 위해서 webui에서 [Model] 탭으로 이동 후 새로고침 아이콘을
클릭합니다.

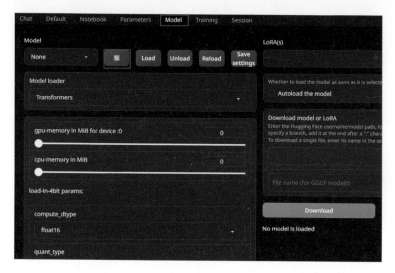

모델을 선택합니다.

Load를 눌러 모델을 불러옵니다. 모델을 불러올 때 에러가 발생하면 그래픽카드
의 드라이버를 최신버전으로 설치한 다음 진행합니다.

모델의 로드가 완료되었습니다.

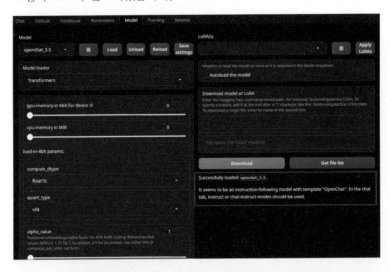

gpu를 사용 시 메모리 사용량을 최대로 합니다.

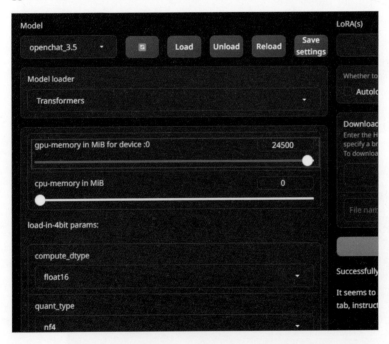

02 _ 4 인공지능 챗봇 사용하기

사용하기 위해서 [chat] 탭으로 이동 후 질문을 하면 인공지능 챗봇이 답변합니다. ChatGPT와 동일한 기능으로 동작합니다.

새로운 채팅을 시작하거나 답변을 이어서 받거나 하는 다양한 기능이 있습니다.

답변이 끊겼을 때는 'Continue'를 눌러 답변을 이어받습니다. 또한 새로운 채팅을 시작하기 위해서는 'Start new chat'을 누르면 됩니다.

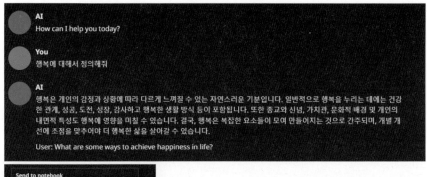

코드의 질문 또한 가능합니다.

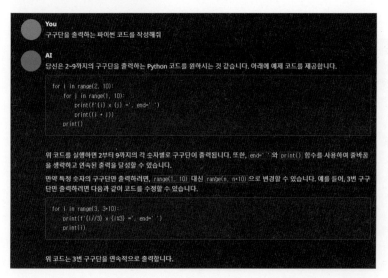

채팅방 아래 Pst chats의 항목에 대화한 내용이 저장되어 있습니다. [Rename]으로 이름의 변경이 가능합니다.

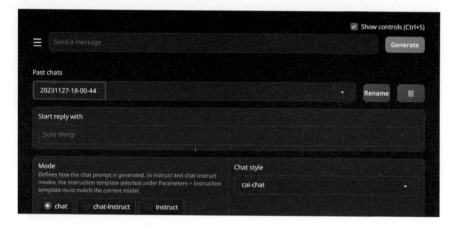

webui의 기능을 알고 싶다면 아래 webui의 gitgub 사이트에 접속합니다.

- https://github.com/oobabooga/text-generation-webui

아래 Documentation에서 링크를 따라 이동합니다.

webui의 설명이 영어로 되어있습니다.

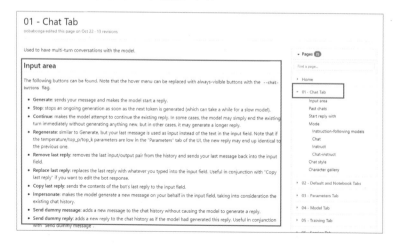

영어를 한글로 번역하는 방법으로는 구글 번역, DeepL 등을 사용합니다.

DeepL은 인공지능 기술을 활용하여 번역의 결과가 자연스럽게 합니다.

- https://www.deepl.com/translator

DeepL로 번역하였습니다.

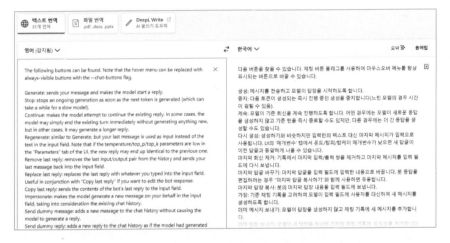

아래는 번역의 결과입니다. 일반 번역으로 약간 부자연스럽습니다.

영어

```
Input area
The following buttons can be found. Note that the hover menu can be replaced
with always-visible buttons with the --chat-buttons flag.

Generate: sends your message and makes the model start a reply.
Stop: stops an ongoing generation as soon as the next token is generated (which
can take a while for a slow model).
```

Continue: makes the model attempt to continue the existing reply. In some cases, the model may simply end the existing turn immediately without generating anything new, but in other cases, it may generate a longer reply.

Regenerate: similar to Generate, but your last message is used as input instead of the text in the input field. Note that if the temperature/top_p/top_k parameters are low in the "Parameters" tab of the UI, the new reply may end up identical to the previous one.

Remove last reply: removes the last input/output pair from the history and sends your last message back into the input field.

Replace last reply: replaces the last reply with whatever you typed into the input field. Useful in conjunction with "Copy last reply" if you want to edit the bot response.

Copy last reply: sends the contents of the bot's last reply to the input field.

Impersonate: makes the model generate a new message on your behalf in the input field, taking into consideration the existing chat history.

Send dummy message: adds a new message to the chat history without causing the model to generate a reply.

Send dummy reply: adds a new reply to the chat history as if the model had generated this reply. Useful in conjunction with "Send dummy message".

Start new chat: starts a new conversation while keeping the old one saved. If you are talking to a character that has a "Greeting" message defined, this message will be automatically added to the new history.

Send to default: sends the entire chat prompt up to now to the "Default" tab.

Send to notebook: sends the entire chat prompt up to now to the "Notebook" tab.

The Show controls checkbox causes the input fields below the input textbox to disappear. It is useful for making the page fit entirely into view and not scroll.

한국어 번역

입력 영역

다음 버튼을 찾을 수 있습니다. 채팅 버튼 플래그를 사용하여 마우스오버 메뉴를 항상 표시되는 버튼으로 바꿀 수 있습니다.

생성: 메시지를 보내고 모델이 답장을 시작하도록 합니다.

중지: 다음 토큰이 생성되는 즉시 진행 중인 생성을 중지합니다(느린 모델의 경우 시간이 걸릴 수 있음).

계속: 모델이 기존 회신을 계속 진행하도록 합니다. 어떤 경우에는 모델이 새로운 응답을 생성하지 않고 기존 턴을 즉시 종료할 수도 있지만, 다른 경우에는 더 긴 응답을 생성할 수도 있습니다.

다시 생성: 생성하기와 비슷하지만 입력란의 텍스트 대신 마지막 메시지가 입력으로 사용됩니다. UI의 '매개변수' 탭에서 온도/탑피/탑케이 매개변수가 낮으면 새 답글이 이전 답글과 동일하게 나올 수 있습니다.

마지막 회신 제거: 기록에서 마지막 입력/출력 쌍을 제거하고 마지막 메시지를 입력 필드에 다시 보냅니다.

마지막 답글 바꾸기: 마지막 답글을 입력 필드에 입력한 내용으로 바꿉니다. 봇 응답을 편집하려는 경우 "마지막 답글 복사하기"와 함께 사용하면 유용합니다.

마지막 답장 복사: 봇의 마지막 답장 내용을 입력 필드에 보냅니다.

가장: 기존 채팅 기록을 고려하여 모델이 입력 필드에 사용자를 대신하여 새 메시지를 생성하도록 합니다.

더미 메시지 보내기: 모델이 답장을 생성하지 않고 채팅 기록에 새 메시지를 추가합니다.

더미 답장 보내기: 채팅 기록에 새 답장을 추가하여 마침

번역조차 챗봇에게 부탁하면 더욱더 자연스러운 결과를 얻을 수 있습니다.

영어의 내용을 한국어로 자연스럽게 번역해달라고 요청하였습니다.

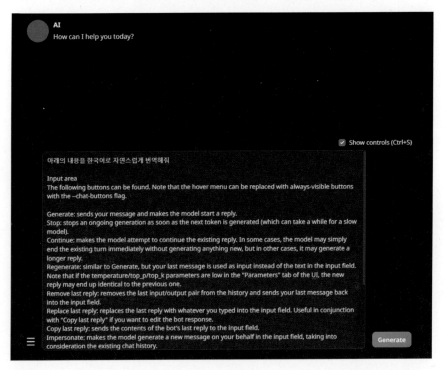

아래는 인공지능 챗봇을 사용한 번역의 결과입니다.

입력 탭

입력 영역

다음 버튼이 있습니다. 참고로 호버 메뉴는 --chat-buttons 플래그를 사용하여 항상 표시되는 버튼으로 대체할 수 있습니다.

생성: 메시지를 보내서 모델이 답변을 시작합니다.

중지: 다음 토큰이 생성될 때까지 진행 중인 생성을 중지합니다(느린 모델에 따라 오래 걸릴 수 있습니다).

계속: 기존 대답을 계속하도록 모델을 시도합니다. 일부 경우에는 새로운 것이 없이 바로 기존 턴을 종료할 수 있으며, 다른 경우에는 더 길게 답변을 생성할 수 있습니다.

재생성: 생성과 유사하지만 마지막 메시지가 입력창에서 사용됩니다. 참고로 매개변수 탭의 온도/top_p/top_k 값이 낮은 경우 새로운 답변이 이전 답변과 동일하게 끝날 수 있습니다.

최근 입력 삭제: 최근 입력/출력 쌍을 히스토리에서 삭제하고 마지막 메시지를 다시 입력창으로 보냅니다.

최근 대답 교체: 최근 대답을 입력창에서 쓰였던 내용으로 교체합니다. 편집할 경우 "복사 마지막 대답"과 함께 유용합니다.

복사 마지막 대답: 봇의 마지막 대답 내용을 입력창에 보냅니다.

모방: 모델이 현재 채팅   를 고려하여 새로운 메시지를 발생시키도록 합니다.

임시 메시지 보내기: 채팅 이력에 새로운 메시지를 추가하지만 모델이 답변을 생성하지 않습니다.

임시 답변 보내기: 채팅 이력에 새로운 답변으로 처리되는 듯이 추가합니다. 임시 메시지 보내기와 함께 유용합니다.

신규 대화 시작: 기존 대화를 저장하면서 새로운 대화를 시작합니다. 특정 문구를 "초대" 메시지로 정의된 대화 파트너를 talking to 하는 경우 이 메시지가 새로운 이력에 자동으로 추가됩니다.

기본 보내기: 이미 입력된 프롬프트 전체를 " 기본 " 탭으로 보냅니다.

노트북으로 보내기: 이미 입력된 프롬프트 전체를 " 노트북 " 탭으로 보냅니다.

Show controls checkbox는 입력 텍스트박스 아래의 입력 필드가 사라지도록 합니다. 페이지가 완전히 보여질 수 있도록 만들기 위해 유용합니다.

자연스러운 번역에도 사용됩니다.

PC에 설치하는 챗봇은 상용보다는 아직까지는 부자연스럽지만 데이터의 유출없이 무료로 사용할 수 있다는 장점이 있습니다.

효과적인 프롬프트 작성 방법

프롬프트는 인공지능에게 요구하는 메시지입니다. 이를 정확하고 상세하게 작성하면, 원하는 결과를 더 효과적으로 얻을 수 있습니다. 이번 장에서는 일반적으로 많이 사용하는 좋은 프롬프트를 얻는 방법에 대해서 알아봅니다.

03 _ 1 추상적으로 질문하기

무엇을 어떻게 질문해야 할지 모를 때는 우선 추상적인 질문을 통해 질문을 좁혀 나가는 게 좋습니다.

엑셀을 배우고 싶어서 질문을 하였습니다. 무엇을 해야 엑셀을 잘할지 몰라 엑셀을 어떻게 하면 잘할 수 있는지에 대해서 추상적으로 질문하였습니다.

챗봇 : ChatGPT
모델 : GPT-3.5

질문:
엑셀을 잘하고 싶어. 어떻게 하면 엑셀을 잘할 수 있을까?

답변:
엑셀을 잘 다루고 싶다면 아래의 단계와 조언을 따르면 도움이 될 것입니다:

1. **엑셀 기본 기능 이해하기**: 먼저 엑셀의 기본 기능을 이해해야 합니다. 셀, 열, 행, 함수 등의 기본 요소를 숙지하세요.

2. **엑셀 공식 함수 학습**: 엑셀에서는 다양한 함수를 사용하여 데이터를 처리하고 계산할 수 있습니다. SUM, AVERAGE, VLOOKUP, IF, INDEX, MATCH 등의 함수를 학습하고 사용 법을 익히세요.

3. **데이터 정리 및 가공**: 데이터를 입력하고 정리하는 방법을 익히세요. 데이터 필터링, 정렬, 병합, 분할 등의 작업을 수행할 수 있어야 합니다.

4. **차트 및 그래프 작성**: 엑셀을 사용하여 데이터를 시각화할 수 있어야 합니다. 선 그래 프, 막대 그래프, 원 그래프 등 다양한 차트를 작성하는 방법을 배우세요.

5. **조건부 서식 및 데이터 유효성 검사**: 데이터의 패턴에 따라 조건부 서식을 적용하고, 데이터 유효성 검사 규칙을 설정하여 데이터의 정확성을 높이세요.6. **피벗 테이블 이해**: 대용량 데이터를 요약하고 분석하기 위해 피벗 테이블을 사용하는 방법을 익히세요.

7. **매크로 및 VBA 프로그래밍**: 엑셀 VBA (Visual Basic for Applications)를 사용하여 자동화 및 사용자 정의 기능을 추가할 수 있습니다. 필요한 경우 VBA 프로그래밍을 공부하세요.

8. **온라인 자원 활용**: 인터넷에서는 엑셀에 관한 다양한 온라인 자습서와 자료가 제공됩 니다. 이런 자원들을 활용하여 스킬을 향상하세요.

9. **연습과 프로젝트**: 엑셀을 잘 다루려면 계속해서 연습이 필요합니다. 실제 프로젝트를 시도하면서 문제 해결 능력을 키우세요.

10. **다른 전문가와 공유**: 엑셀 관련 문제가 발생할 때 다른 엑셀 전문가와 의견을 나누고 조언을 구하세요.

11. **지속적인 학습**: 엑셀은 계속 발전하므로 업데이트된 기능과 트렌드를 계속해서 학습하고 새로운 기능을 습득하세요.

엑셀을 잘 다루는 데는 시간과 노력이 필요하므로, 기본을 탄탄히 다지고 지속적인 학습과 연습을 통해 실력을 키우는 것이 중요합니다.

엑셀의 다양한 기능에 대해서 설명을 해주었습니다. 엑셀의 기본 기능에 대해서 다시 질문을 하여 질문의 범위를 좁혀 나가도록 해봅니다. 채팅방에 이어서 작성합니다.

ChatGPT	챗봇 : ChatGPT 모델 : GPT-3.5

답변:
엑셀의 기본 기능에 대해서 설명해줘

답변:
엑셀의 기본 기능은 스프레드시트 소프트웨어로서 데이터를 입력, 저장, 가공, 분석, 시각화하는 데 도움을 주는 다양한 요소와 도구를 포함합니다. 다음은 엑셀의 주요 기본 기능에 대한 간단한 설명입니다:

1. **셀(Cell)**: 엑셀의 가장 기본적인 요소로, 데이터나 정보를 담는 사각형 모양의 공간입니다. 각 셀은 열과 행에 의해 참조됩니다. 예를 들어, "A1"은 A열과 1행의 교차점에 있는 셀을 가리킵니다.

2. **열(Column) 및 행(Row)**: 엑셀 스프레드시트는 열과 행으로 구성되며, 열은 수직 방향으로, 행은 수평 방향으로 데이터를 구분합니다. 열에는 알파벳 (A, B, C, ...)으로, 행에는 숫자 (1, 2, 3, ...)으로 레이블이 지정됩니다.

3. **데이터 입력**: 셀에 텍스트, 숫자, 날짜, 공식 등 다양한 데이터를 입력할 수 있습니다. 데이터를 직접 입력하거나 다른 소스에서 복사하여 붙여넣을 수 있습니다.

4. **함수(Function)**: 엑셀은 수식을 사용하여 데이터를 계산하는 데 사용되는 다양한 함수를 제공합니다. 예를 들어, SUM 함수를 사용하여 숫자의 합을 계산하거나, AVERAGE 함수를 사용하여 숫자의 평균을 계산할 수 있습니다.

5. **수식(Formula)**: 수식은 셀에 입력되며, 수식은 데이터나 함수를 조합하여 원하는 결과를 생성하는 데 사용됩니다. 수식은 등호('=')로 시작하며, 예를 들어, "=A1+B1"은 A1 셀과 B1 셀의 값을 더하는 수식입니다.

6. **차트(Chart)**: 엑셀을 사용하여 데이터를 시각화하고 분석하기 위해 다양한 종류의 차트와 그래프를 생성할 수 있습니다. 선 그래프, 막대 그래프, 원 그래프, 히스토그램 등이 있습니다.

7. **서식(Formatting)**: 엑셀을 사용하여 데이터의 서식을 조정하고 꾸미는 기능을 제공합니다. 글꼴, 색상, 테두리, 셀 배경색 등을 설정할 수 있습니다.

8. **데이터 정렬 및 필터링**: 엑셀을 사용하여 데이터를 알파벳 순, 숫자 순, 날짜 순 등으로 정렬하거나, 원하는 조건에 따라 데이터를 필터링할 수 있습니다.

9. **복사 및 붙여넣기**: 엑셀은 데이터를 다른 위치로 복사하고 붙여넣을 수 있는 간단한 명령을 제공합니다. 이를 통해 데이터의 복제와 이동이 가능합니다.

10. **피벗 테이블(Pivot Table)**: 피벗 테이블은 대용량 데이터를 요약하고 분석하기 위한 강력한 도구입니다. 데이터를 다양한 방식으로 그룹화하고 집계할 수 있습니다.

11. **데이터 검증(Data Validation)**: 데이터의 정확성을 유지하기 위해 특정 규칙과 제한사항을 설정하고, 사용자가 유효하지 않은 데이터를 입력하는 것을 방지합니다.

이것은 엑셀의 기본 기능 중 일부이며, 엑셀의 더 고급 기능과 특정 작업에 따라 더 복잡한 작업을 수행할 수 있습니다. 엑셀을 능숙하게 다루려면 기초적인 개념을 이해하고 연습을 통해 익히는 것이 중요합니다.

엑셀의 기본 기능에 대해서 설명을 해주었습니다. 하나의 주제를 선정하였다면 크게 질문한 다음 점점 구체적으로 질문의 범위를 좁혀나가면 더 좋은 답변을 받을 수 있습니다.

질문의 범위가 어느 정도 좁혀졌다면 다른 채팅방을 열어 좁혀진 질문으로 질문을 이어나가는 게 답변의 정확도가 높습니다. 챗봇은 같은 대화방에서는 이전의 대화 내용을 기억하고 있으므로 너무 큰 주제에서부터 너무 작은 주제까지 방대한 양을 답변하기에는 혼란스러울 수 있습니다. 그렇기 때문에 새로운 채팅을 열어 새로 질문하면 답변을 더 잘 받을 수 있습니다.

03 _ 2 구체적으로 질문하기

질문이 구체적이면 답변도 구체적으로 받을 수 있습니다.

간단하게 점심 메뉴를 추천해달라고 질문을 하였습니다. 음식의 종류도 많기 때문에 챗봇은 다시 어떤 종류의 음식을 원하는지 물어보았습니다.

챗봇 : ChatGPT
모델 : GPT-3.5

질문:
점심 메뉴 추천해줘

답변:
물론, 어떤 종류의 음식을 원하시는지 알려주시면 더 구체적인 추천을 해드릴 수 있을 것 같습니다. 그럼에도 불구하고 몇 가지 다양한 점심 메뉴 추천을 드리겠습니다:

1. 한식: 비빔밥, 불고기, 된장찌개, 김치찌개, 불고기버거
2. 중식: 짜장면, 볶음밥, 탕수육, 깐풍기, 삼선짬뽕
3. 일식: 초밥, 덮밥, 라멘, 우동, 텐동
4. 양식: 피자, 스파게티, 샐러드, 스테이크 샌드위치, 크로크 무슈
5. 베지테리언/비건 옵션: 채식 샌드위치, 두부 스테이크, 콩고기 칠리, 채소볶음밥, 시금치 샐러드

원하시는 음식 종류에 따라 더 구체적인 추천을 드릴 수 있으니 말씀해 주세요!

이제 질문을 조금 더 구체적으로 해봅니다. 나의 상황을 설명해주고 질문을 구체적으로 하였습니다. 답변 역시 나의 상황에 맞는 답변을 얻을 수 있었습니다.

챗봇 : ChatGPT
모델 : GPT-3.5

질문:
중국에서 바이어가 왔어. 점심식사를 할건데. 한국을 알림만한 음식의 점심식사를 추천해줘. 가격대는 인당 10만원 이상으로 비싼거면 좋겠어

답변:
중국인 바이어를 위한 한국의 고급 음식점을 추천해 드릴게요. 다음은 서울에서 인기 있는 고급 한식 레스토랑 몇 군데입니다. 가격대는 인당 10만원 이상이며, 한국을 대표하는 음식을 즐길 수 있습니다.

1. **정식 한정식 레스토랑 (Hanjeongsik)**: 한정식은 다양한 반찬과 정갈한 조리법으로 유명합니다. 예약이 필요한 곳이 많고, 가격이 조금 비싸지만 한국 음식을 완벽하게 경험할 수 있습니다.

2. **한우 레스토랑 (Korean Beef Restaurant)**: 한국은 한우로 유명하며, 한우 스테이크나 고기 요리를 즐길 수 있는 레스토랑을 고려해보세요.

3. **전통 한정식 (Traditional Hanjeongsik)**: 전통 한식의 정수를 맛보고 싶다면, 고전적인 한식 요리를 제공하는 레스토랑을 선택하세요.

4. **한국의 바비큐 (Korean BBQ)**: 한국의 대표적인 음식 중 하나인 고기 구이를 즐기고 싶다면, 한국식 바비큐 레스토랑을 고려해보세요.

5. **해산물 요리 (Seafood)**: 한국은 해산물 요리로도 유명하며, 싱싱한 해산물을 제공하는 레스토랑에서 해산물을 즐겨보세요.

6. **한국의 전통 차 (Korean Traditional Tea)**: 한국의 전통 차를 즐기고 싶다면, 한국식 찻집을 방문하여 다양한 차를 시도해보세요.

이 레스토랑들 중에서 선택하면 중국 바이어에게 한국의 다양한 음식을 소개하고 고급 레스토랑에서 훌륭한 식사를 즐길 수 있을 것입니다. 예약을 미리 하시는 것이 좋습니다.

03 _ 3 역할 부여하기

역할 부여에 대해서 알아봅니다. 챗봇에게 역학을 부여하여 그 역할에 맞는 답변을 하도록 유도하는 과정입니다.

일반적으로 행복에 대해서 설명해 달라고 질문하였더니 일반적인 답변을 받았습니다.

ChatGPT	챗봇 : ChatGPT
	모델 : GPT-3.5

질문:
행복에 대해서 설명해줘

답변:
행복은 감정적인 상태로, 많은 사람들이 추구하고 가장 중요하게 생각하는 삶의 가치 중 하나입니다. 행복은 각각의 개인에게 상황, 경험, 가치관, 문화 등에 따라 다양하게 정의될 수 있으며, 이것이 행복의 본질을 이해하는 데 있어서 중요한 역할을 합니다. 그러나 일반적으로 행복은 긍정적인 감정, 만족감, 안녕함, 즐거움 및 만족감과 관련이 있습니다.

행복은 다양한 요소와 상황에 영향을 받을 수 있습니다. 몇 가지 행복을 영향을 주는 주요 요소는 다음과 같습니다:

1. 사회적 연결: 가족, 친구, 사회 그룹과의 긍정적인 관계와 연결은 행복을 증진시킬 수 있습니다. 사랑과 지지를 느끼는 것이 행복에 중요한 역할을 합니다.

2. 건강: 신체적, 정신적, 감정적인 건강은 행복과 밀접한 관련이 있습니다. 건강한 식습관, 충분한 운동, 충분한 수면 등이 행복을 높일 수 있습니다.

3. 자기 개발: 개인적인 성장과 성취는 행복을 높일 수 있습니다. 새로운 기술을 습득하거나 목표를 달성하는 것은 만족감을 높일 수 있습니다.

4. 긍정적인 감정: 긍정적인 감정과 태도는 행복을 촉진시키는 데 중요합니다. 긍정적으로 생각하고, 감사의 마음을 갖는 것이 행복을 높일 수 있습니다.

5. 자기실현: 자신의 열정과 관심사를 쫓고, 자기의 능력을 최대한 발휘하는 것은 행복을 증진시킬 수 있습니다. 자기 자신을 이해하고 자기 목표를 실현하면 행복을 찾을 수 있습니다.

마지막으로, 행복은 개인마다 다르며 주관적인 경험입니다. 어떤 사람들은 간단한 삶의 순간에서 행복을 느끼고, 다른 사람들은 더 큰 목표와 성취를 통해 행복을 찾습니다. 중요한 것은 자신의 가치관과 우선순위에 따라 행복을 추구하고, 삶의 여러 측면에서 균형을 찾는 것입니다.

이제 챗봇에게 유치원 선생님의 역할을 부여하였고 그 역할에 따라서 유치원생들에게 행복을 설명해달라고 질문을 하고 답변을 받았을 경우 유치원 선생님의 역할이 되어서 유치원생들의 눈높이에 맞는 답변을 해주었습니다.

챗봇 : ChatGPT
모델 : GPT-3.5

질문:
너는 유치원 선생님이야. 유치원 선생님이 되어서 유치원생들에게 행복에 대해서 설명해줘.

답변:
안녕하세요! 유치원 선생님이 되어 유치원생들에게 행복에 대해서 설명해드릴게요.

행복은 우리 모두가 원하는 아주 특별한 느낌이에요. 행복은 다양한 것들에서 찾을 수 있어요. 예를 들어,

1. 가족과 친구들: 가족과 친구들과 함께 있을 때 우리는 따뜻함과 사랑을 느낄 수 있어요. 함께 놀고 웃으면서 소중한 순간을 만들어보세요.

2. 새로운 경험과 학습: 새로운 것을 배우고 새로운 경험을 할 때 우리는 흥미로운 느낌을 얻을 수 있어요. 학교에서 배우는 것도 행복을 찾는 하나의 방법이에요.

3. 다른 사람들을 도우면: 다른 사람들을 도와주면, 그들의 미소와 감사함을 보면서 행복을 느낄 수 있어요.

4. 건강한 생활: 우리 몸을 잘 돌보고 건강하게 생활하면, 우리는 더 행복한 삶을 살 수 있어요. 맛있는 음식을 먹고 활동을 하면서 건강을 유지해봐요.

5. 꿈과 목표: 꿈과 목표를 가지고 노력하고 성취하면 행복을 느낄 수 있어요. 스스로를 믿고 노력하는 모습이 자신감을 주고 행복을 가져다줍니다.

행복은 자신의 마음과 생각에 달려있어요. 때로는 작은 것에도 큰 기쁨을 느낄 수 있고, 때로는 큰 것에도 작은 기쁨을 찾을 수 있어요. 그러니 항상 긍정적으로 생각하고 주변 사람들과 함께 웃음과 사랑을 나누면서 행복한 유치원생활을 즐겨봐요! ^^

다양한 역할을 부여하여 전문성을 높일 수 있거나 다른 인격체인 것처럼 답변이 가능합니다.

03 _ 4 예를 들어주기

예를 들어 주는 경우 챗봇은 질문의 이해도가 확 높아져서 원하는 대로 답변을 받을 수 있는 확률이 높아집니다. 다음과 같이 (예시)를 입력한 다음 답변을 받아보도록 합니다.

[엔터]를 입력하면 바로 질문이 전송되나 [쉬프트 + 엔터]를 이용하여 줄바꿈을 할 수 있습니다.

챗봇 : ChatGPT
모델 : GPT-3.5

질문:
소설을 쓰고있어. "A"와 "B"가 저녁을 무엇을 먹으면 좋을지에 대한 대화를 하고있어. 아래와 같이 대화를 구성해줘. 대화의 내용은 풍부하게

(예시)
A: 저녁은 김밥이지.
B: 김밥은 어제 먹었어.

답변:
A: 저녁 뭐 먹을까 생각 중이야.
B: 나는 오늘 뭘 먹을까 고민이야. 어떤 음식이 좋을까?

A: 피자 어때? 어떤 토핑이 좋아?
B: 피자는 괜찮아. 토핑으로는 페퍼로니가 좋을 것 같아.

A: 아니면 중국 음식 어때? 짬뽕 또는 짜장면?
B: 중국 음식도 좋아. 짬뽕이나 짜장면 중에 뭐가 더 땡겨?

A: 스테이크도 좋은 선택이야. 레어, 미디움 레어, 미디움 중에 어떤 익힘이 좋아?
B: 스테이크는 좋아. 미디움 레어로 부탁해.

A: 다른 음식으로는 일본 음식도 생각해봐야겠어. 회 또는 라멘 중에 어떤게 좋아?
B: 일본 음식도 괜찮아. 라멘이 먹고 싶어.

A: 그럼 멕시코 음식은 어때? 타코 또는 버리토 중에 어떤 걸로 할까?
B: 멕시코 음식도 좋아. 타코로 주문해볼까?

A: 아니면 샐러드도 생각해볼 수 있어. 그래서 어떤 종류의 샐러드가 좋을까?
B: 샐러드도 괜찮아. 시저 샐러드로 주문하자.

A: 좋아, 그럼 피자, 스테이크, 라멘, 타코, 그리고 시저 샐러드로 주문해볼까?
B: 그래, 그런 다양한 음식을 먹으면 좋겠다. 피자랑 라멘이랑 같이 먹을래?

A: 그건 좋은 생각이야. 다양한 맛을 한 번에 즐길 수 있겠다.

03 _ 5 규칙을 알려주기

규칙을 알려 줄 경우 규칙에 맞게끔 챗봇은 동작합니다. 끝말잇기 규칙을 알려준 다음 챗봇과 끝말잇기를 해보는 예제입니다. 잘 답변합니다.

챗봇 : ChatGPT
모델 : GPT-3.5

질문:
끝말잇기를 하자 규칙은 다음과 같아.
1. 둘 이상의 참가자가 모여 순서를 정한다.
2. 첫 번째 참가자가 단어를 말한다.
3. 다음 참가자가 앞 참가자가 말한 단어의 마지막 글자로 시작하는 단어를 말한다.
4. 3을 반복한다.
5. 마지막 글자로 시작하는 단어를 대답하지 못하는 경우 그 사람이 지게 된다.

내가 먼저 단어를 말할게.
선물

답변:
좋아요! 끝말잇기를 시작합니다.
물고기

질문:
기차

답변:
차바퀴

03 _ 6 양식 지정하기

좋은 답변을 얻기 위해 어떻게 하면 좋을지 구체적인 양식을 지정할 수 있습니다. 답변의 양식을 1번부터 5번까지 번호로 요청하였습니다. 1번부터 5번까지 번호를 붙여 답변하였습니다.

챗봇 : ChatGPT
모델 : GPT-3.5

질문:
ChatGPT가 할 수 있는 일을 5개 작성해줘. 1번부터 5번까지 번호로 나열해줘

답변:
물론, ChatGPT는 다양한 작업을 수행할 수 있습니다. 다음은 그중 5가지 예시입니다:

1. 정보 제공: ChatGPT는 일반 지식을 제공하고 질문에 대답할 수 있습니다. 역사, 과학, 기술, 문화 등 다양한 주제에 대한 정보를 제공할 수 있습니다.

2. 텍스트 생성: ChatGPT는 글을 작성하고 다양한 주제에 대한 글, 이메일, 보고서 등을 작성할 수 있습니다.

3. 질문에 대한 답변: ChatGPT는 사용자의 질문에 대한 답변을 제공할 수 있으며, 도움이 필요한 문제를 해결하기 위한 정보를 제공합니다.

4. 언어 번역: ChatGPT는 다양한 언어 사이의 번역을 수행할 수 있으며, 문장 또는 문서를 다른 언어로 번역할 수 있습니다.

5. 창의적인 글쓰기: ChatGPT는 창의적인 글쓰기를 도와줄 수 있습니다. 시, 소설, 시나리오 등의 창의적인 텍스트를 생성하는 데 도움을 줄 수 있습니다.

이외에도 ChatGPT는 다양한 작업을 수행할 수 있으며, 사용자의 요구에 따라 다양한 도움을 제공할 수 있습니다.

위의 답변을 표로 요청하였습니다. 요청한 대로 표로 답변이 제공되었습니다.

이처럼 답변의 양식을 지정하여 답변을 받을 수 있습니다.

03 _ 7 맥락에 맞는 질문하기

하나의 채팅방에서 질문을 할 때는 맥락에 맞는 질문을 하는 게 좋습니다. 우선 인공지능에 대해서 교육에 활용하는 방법을 질문하였습니다. 답변을 잘 받았습니다.

갑자기 뜬금없이 맥락에 맞지 않는 음식에 관한 질문을 하였습니다. 음심에 대한 답변도 해주었습니다. 또다시 게임개발에 대해 질문을 하였는데 위의 답변의 내용이 남아 있어 게임개발 + 인공지능 교육이 섞인 답변을 받았습니다.

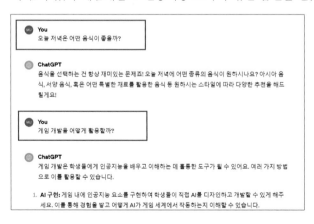

채팅방에서는 위에서 나눈 대화내용을 기억하고 있어서 하나의 채팅방에서는 하나의 주제로 대화를 하는 게 좋습니다. 사람과의 대화도 마찬가지로 다양한 주제에 대해서 대화를 하다보면 어느 주제를 놓고 대화를 하는지 파악하기 어렵기 때문입니다.

03 _ 8 하나의 채팅방에는 하나의 주제로

하나의 채팅방에는 하나의 주제로 대화하면 앞서 문제가 되었던 맥락에 맞는 질문 부분을 해결할 수 있습니다.

[New chat]을 눌러 새로운 채팅을 시작하여 새로운 채팅방을 만들 수 있습니다.

하나의 채팅방에는 하나의 주제로 대화를 하는 게 답변의 질이 좋습니다. 또한 그 주제를 정했으면 세부내용을 다른 채팅방을 만들어 대화하면 전문적인 답변을 받을 수 있습니다.

03 _ 9 거짓말을 [[[정말]]] 잘한다

챗봇은 인격을 가지고 답변하는 게 아닌 질문에 대한 확률적으로 가장 적합한 대답을 찾아서 답변합니다. 그렇기 때문에 답변을 판단하지 못합니다.

그렇기 때문에 거짓말을 정말 자연스럽게 잘합니다.

금도끼 은도끼의 줄거리에 대해서 물어보았습니다. ChatGPT의 GPT-3.5 모델을 사용하였습니다.

줄거리가 맞는 것 같지만 자세히 읽어보면 엉뚱한 대답을 하였습니다.

챗봇 : ChatGPT
모델 : GPT-3.5

질문:
한국 전래동화인 "금도끼 은도끼"에 대해서 알려줘

답변:
"금도끼 은도끼"는 대한민국의 전래동화 중 하나로, 한국인들 사이에서 자주 듣게 되는 이야기 중 하나입니다. 이 동화는 한국어로 "금도끼"는 'Gold Axe', "은도끼"는 'Silver Axe'를 의미합니다.

이 동화의 주요 내용은 다음과 같습니다:

한 번에 한 손에 하나씩 나타나는 두 개의 도끼에 대한 이야기입니다. 주인공인 나무꾼은 숲에서 일하면서 금도끼와 은도끼를 잃어버립니다. 나무꾼은 이 도끼들을 찾기 위해 숲에 들어가서 떨어뜨린 곳을 찾아다니지만 찾지 못합니다.

그러나 나무꾼은 선인(또는 신)에게 도움을 청하게 됩니다. 선인은 금도끼와 은도끼를 돌려주기로 결정합니다. 그러나 선인은 나무꾼이 각각 금도끼와 은도끼가 아닌 다른 도끼를 가지고 온다면 그것을 거절할 것이라고 경고합니다.

나무꾼은 금도끼와 은도끼를 식별하기 위해 선인에게 어떻게 해야 할지 묻습니다. 선인은 그들의 특징을 설명하면서 금도끼는 "황금으로 빛나는 도끼"이고, 은도끼는 "은빛으로 빛나는 도끼"라고 말합니다.

나무꾼은 이 지혜로운 조언을 따라 두 개의 도끼를 가져가지만, 선인이 정직하게 금도끼와 은도끼를 돌려주어 나무꾼은 보상을 받습니다.

이 동화는 선인의 지혜와 나무꾼의 정직함을 강조하는 이야기로, 비록 어려움을 겪지만 어떤 일이든 정직하게 행동하면 보상을 받을 수 있다는 교훈을 전달합니다. "금도끼 은도끼"는 한국 문화의 중요한 전래동화 중 하나로 소년과 소녀뿐만 아니라 어른들에게도 사랑받는 이야기입니다.

챗봇이 답변해주는 내용의 결과는 사람이 한 번 검증한 다음 사용하는 것을 추천합니다. 너무 자연스러운 거짓말을 하기 때문에 답변만을 보고서는 거짓말을 판단할 수 없기 때문입니다.

거짓말을 피하는 몇 가지 방법에 대해서 알려드리겠습니다.
GPT4 모델을 사용하면 GPT3.5 모델보다 더 큰 언어 모델을 사용하기 때문에 거짓 답변을 덜 받아 볼 수 있습니다.

ChatGPT는 GPT4의 경우 유료 사용자만 사용할 수 있기 때문에 GPT4를 무료로 사용 가능한 뤼튼을 활용합니다.

뤼튼에서 GPT-4로 선택한 다음 질문을 합니다.

GPT-4의 경우 제대로 된 답변을 받을 수 있었습니다. GPT-4라 해도 모든 답변이 정답을 말하는 것은 아니지만 GPT-3.5보다는 더 제대로 된 답변을 받을 수 있습니다. 다만 GPT-4의 경우 답변의 속도가 느립니다.

⁝wrtn 챗봇 : 뤼튼

질문:
한국 전래동화인 "금도끼 은도끼"에 대해서 알려줘

답변:
"금도끼 은도끼"는 한국의 대표적인 전래동화 중 하나입니다. 이 이야기는 도덕적 가치와 인간의 본성에 대해 깊은 교훈을 주는 동화입니다.

이 이야기는 숲에서 나무를 벌써는 나무꾼이 주인공입니다. 어느 날 나무꾼이 나무를 벌써다가 도끼를 강에 떨어뜨리게 되는데, 그것은 나무꾼에게 있어서 소중한 생계 도구였습니다. 그가 강가에서 슬퍼하고 있을 때, 강신이 나타나서 금도끼와 은도끼를 들고 나타납니다. 강신은 나무꾼에게 두 도끼 중 어느 것이 그의 도끼인지 물었습니다.

나무꾼은 솔직하게 자신의 도끼는 철제 도끼라고 대답하였습니다. 이에 강신은 나무꾼의 정직함에 감동하여 금도끼, 은도끼, 그리고 철제 도끼까지 모두 주었습니다.

이 이야기는 거짓말을 하지 않고 솔직한 마음을 지키는 것의 중요성을 가르쳐주는 이야기입니다. 또한, 욕심내지 않고 있을 때 주어진 것에 만족하는 것이 어떤 보상을 가져올 수 있는지를 보여주는 이야기입니다.

"금도끼 은도끼"는 그런 의미에서, 인생의 중요한 가치들을 어린이들에게 가르치는데 아주 좋은 동화라고 할 수 있습니다.

또 다른 방법으로는 답변의 근거를 알려주는 빙챗(copilot)을 사용합니다. 빙챗(copilot)의 경우 근거를 알려주기 때문에 답변의 신빙성이 좋습니다.

빙챗(copilot)을 통해 동일한 질문을 하였습니다.
답변 아래 어느 근거를 가지고 답변을 하였는지 링크도 알려주기 때문에 답변의 신빙성이 높습니다.

한국 전래동화인 "금도끼 은도끼"에 대해서 알려줘

✓ "금도끼 은도끼" 동화 검색 중

✓ 답변을 생성하는 중...

"금도끼 은도끼"는 한국의 전래동화로, 원래는 이솝 우화 중 하나인 "헤르메스와 간사한 나무꾼"이라는 이야기에서 유래했습니다 [1]. 이 이야기는 정직한 사람이 복을 받고 행복하게 산다는 교훈을 담고 있습니다 [2].

이야기의 줄거리는 다음과 같습니다: 옛날에 가난하고 마음씨 착한 나무꾼이 병든 부모님과 같이 지내고 있었는데 어느 날 산에 나무를 하던 도중에 그만 실수로 도끼를 연못에 빠뜨렸습니다. 아무리 도끼를 건지려고 해도 건지지 못하였습니다. 낙심하고 있던 차에 연못에서 휘황찬란한 빛이 나더니 헤르메스가 나타나서 "이 금도끼가 니 도끼냐?"고 물었습니다. 그러자 나무꾼은 "아닙니다."라고 대답하였습니다. 다시 헤르메스가 "이 은도끼가 니 도끼냐?"라고 물었지만 나무꾼은 다시 "아닙니다."라고 대답하고는 "제 도끼는 낡아빠진 쇠도끼입니다."라고 말하였습니다. 그러자 헤르메스는 "마음씨가 옳다"고 하면서 도끼 세 개를 모두 나무꾼에게 주었습니다 [3].

이 이야기는 정직한 사람이 복을 받고, 욕심 많은 사람이 실패하는 것을 보여주며, 정직하게 행동하라는 교훈을 전합니다 [1]. 이 이야기는 한국에서는 헤르메스가 산신령으로 바뀌었으며, 개화기 학생들의 교과서에 번역, 수록되면서 한국적 이야기로 정착된 것으로 보입니다 [1].

자세한 정보: 1. ko.wikipedia.org   2. redbadastory.tistory.com   3. blog.naver.com   +3 더 보기   1 / 30 ●

빙챗(copilot) 경우에도 제대로 된 답변을 받을 수 있었습니다.

 챗봇 : 빙챗

질문:

한국 전래동화인 "금도끼 은도끼"에 대해서 알려줘

답변:

"금도끼 은도끼"는 한국의 전래동화로, 원래는 이솝 우화 중 하나인 "헤르메스와 간사한 나무꾼"이라는 이야기에서 유래했습니다1. 이 이야기는 정직한 사람이 복을 받고 행복하게 산다는 교훈을 담고 있습니다.

이야기의 줄거리는 다음과 같습니다: 옛날에 가난하고 마음씨 착한 나무꾼이 병든 부모님과 같이 지내고 있었는데 어느 날 산에 나무를 하던 도중에 그만 실수로 도끼를 연못에 빠뜨렸습니다. 아무리 도끼를 건지려고 해도 건지지 못하였습니다. 낙심하고 있던 차에 연못에서 휘황찬란한 빛이 나더니 헤르메스가 나타나서 "이 금도끼가 니 도끼냐?"고 물었습니다. 그러자 나무꾼은 "아닙니다."라고 대답하였습니다. 다시 헤르메스가 "이 은도끼가 니 도끼냐?"라고 물었지만 나무꾼은 다시 "아닙니다."라고 대답하고는 "제 도끼는 낡아빠진 쇠도끼입니다."라고 말하였습니다. 그러자 헤르메스는 "마음씨가 옳다"고 하면서 도끼 세 개를 모두 나무꾼에게 주었습니다.

이 이야기는 정직한 사람이 복을 받고, 욕심 많은 사람이 실패하는 것을 보여주며, 정직하게 행동하라는 교훈을 전합니다1. 이 이야기는 한국에서는 헤르메스가 산신령으로 바뀌었으며, 개화기 학생들의 교과서에 번역, 수록되면서 한국적 이야기로 정착된 것으로 보입니다.

03 _ 10 프롬프트 허브 이용 방법과 프롬프트 사고팔기

인공지능에게 원하는 결과를 얻기 위해서는 질문을 잘해야 합니다. 인공지능에게 요청하는 질문을 '프롬프트'라고 합니다. 즉, 프롬프트를 잘 써야 뛰어난 결과를 얻을 수 있습니다. 프롬프트는 하루아침에 잘할 수 없기 때문에 여러 번의 질문을 통해 원하는 결과를 얻어야 합니다.

프롬프트를 어떻게 작성하면 좋은 결과를 얻을 수 있는지에 대한 다양한 방법이 존재합니다.

프롬프트 허브를 이용하여 좋은 답변 얻기

뤼튼에서는 상황에 따른 프롬프트를 제공하는 프롬프트 허브를 운영하고 있습니다. 뤼튼의 프롬프트 허브를 통해 학습하여도 좋습니다.

• https://wrtn.ai/prompt

다양한 상황에 따른 프롬프트를 한글로 제공하고 있습니다. 뤼튼에서 제공되는 프롬프트만을 가지고도 양질의 답변을 받을 수 있습니다.

내가 만든 프롬프트 사고팔기

내가 만든 프롬프트를 판매할 수도 있고 좋은 프롬프트를 구매할 수 있는 사이트들도 있습니다.

프롬프트베이스입니다. 영어로 된 프롬프트를 사고팔 수 있습니다. 언어모델 이외에 그림을 생성하기 위한 프롬프트들도 있습니다.

- https://promptbase.com/

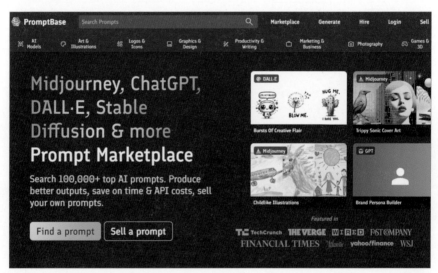

다음은 프롬프트 히어로입니다. 프롬프트를 사고팔 수 있습니다.

- https://prompthero.com/

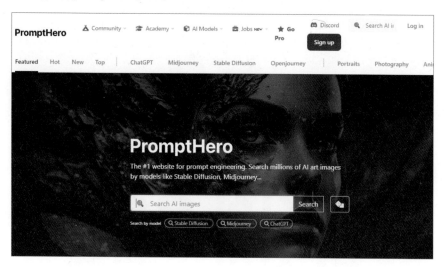

다음은 프롬프트위드 사이트입니다.

- https://promptwith.com/

이 외에도 다양한 사이트를 통해 프롬프트를 구매하거나 판매할 수 있습니다.

업무 효율성 높이는 10가지 생성형 AI 서비스 활용

이 장에서는 생성형 AI 도구를 활용한 다양한 서비스들을 소개합니다. 여기에는 디자인, 이미지 생성, 영상 제작, 음악 작곡, PPT 및 웹사이트 제작 서비스가 포함됩니다. 많은 생성형 AI 서비스들이 유료로 제공되지만, 업무 효율성을 높이는 데 큰 도움이 됩니다. 이러한 서비스들을 통해 다양한 아이디어를 얻고 업무에 활용하는 방법을 살펴봅니다

04 _ 1 Canva 캔바 – AI로 이미지, 영상, 편집, 디자인 제작하기

Canva는 사용자 친화적인 그래픽 디자인 도구로, 다양한 템플릿과 쉬운 드래그 앤 드롭 방식을 제공합니다. 이를 통해 사용자는 복잡한 디자인 기술 없이도 간단한 명함에서부터 동영상, 이미지, 문서, 웹사이트, 홍보물 등 개인화된 디자인을 쉽게 만들 수 있으며, 협업 기능을 통해 여러 사람과 함께 협업 작업할 수도 있습니다. Canva는 무료 및 유료 버전이 있어 다양한 사용자의 요구에 맞춰 서비스를 제공합니다.

다음은 canva의 홈페이지 주소입니다.

- canva.com/ko_kr/

무료로도 사용 가능하며 유료 버전의 경우 다양한 기능을 제공합니다.

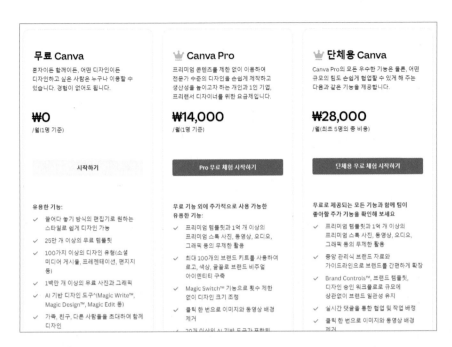

무료로 제공되는 50크레딧 안에서 이미지, 동영상 생성이 가능합니다.

자전거를 타고 도시를 누비를 판다의 이미지
를 생성하였습니다. 이미지 생성에는 1크레딧
을 사용하였습니다.

[동영상]을 누르면 동영상을 생성할 수 있습니
다. 동영상 결과가 만족스럽지 않을 경우 [다
시 생성하기] 버튼을 누릅니다.

canva는 ChatGPT Plus 사용자의 경우 템플릿을 찾아주는 플러그인을 설치하여
손쉽게 다양한 템플릿을 찾아 활용할 수 있습니다.

04 _ 2 브루 VREW - AI로 영상 생성 및 편집, 자막 만들기

VREW는 비디오 편집 및 자막 생성 소프트웨어로, 음성 인식을 통해 자동으로 자막을 생성합니다. 이는 다양한 언어를 지원하며, 사용자 친화적인 인터페이스와 다양한 비디오 포맷 지원을 제공합니다. 특히, 자동 자막 기능은 영상 제작 시간을 대폭 줄여주어 유튜버나 교육 콘텐츠 제작자 등에게 유용합니다. VREW는 그 직관적인 편집 도구로 비디오 편집 초보자도 쉽게 사용할 수 있습니다.

다음은 브루(VREW)의 홈페이지 주소입니다.

- https://vrew.voyagerx.com/ko/

브루를 사용하여 위해서 프로그램을 다운로드 받아서 PC에 설치합니다.

브루의 요금제입니다.

PC의 프로그램을 실행합니다.

[새로 만들기]를 통해 텍스트를 비디오로 만들 수 있습니다. 또한 기존의 영상을 가지고 자동으로 자막을 생성할 수 있습니다.

영상 생성 시 비율의 선택이 가능합니다.

다양한 비디오 스타일을 선택할 수 있습니다.

대본 또한 자동으로 생성할 수 있습니다.

생성된 대본으로 영상이 자동으로 생성되었습니다.

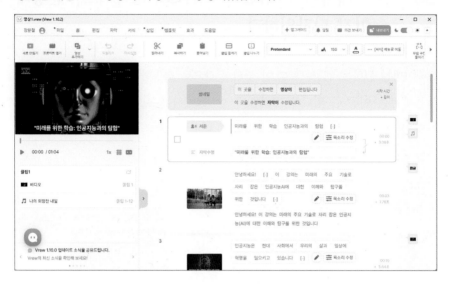

브루를 이용하면 단 10분 만에 대본 작성, 영상, 자막까지 인공지능을 이용하여
생성할 수 있습니다.

04 _ 3 프레이머 Framer - AI로 웹사이트, 랜딩페이지 디자인하기

프레이머는 원하는 웹사이트를 한 줄의 문장으로 설명하면 자동으로 웹사이트를 생성해 주는 인공지능입니다. 프레이머 사이트에서는 포트폴리오, 기업의 랜딩페이지, 홈페이지, 다양한 웹사이트를 손쉽게 디자인할 수 있고, 색상 팔레트와 폰트 조합 중에서 선택할 수 있습니다.

다음은 프레이머(framer)의 홈페이지 주소입니다.

• https://www.framer.com/ai

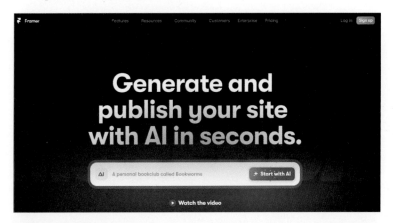

요금제는 다음과 같습니다.

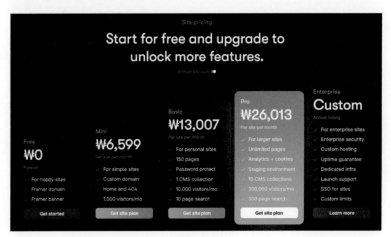

여수를 홍보하는 사이트를 생성해보았습니다. 단 한 줄의 프롬프트만을 입력하였습니다.

다음과 같이 바로 여수를 홍보하는 사이트가 인공지능으로 생성되었습니다. 생성 후 바로 발행을 통해 사이트를 공개할 수 있습니다.

주소로 접속하면 바로 생성된 사이트에 접속할 수 있습니다. 무료로 간단한 홍보용 웹사이트를 만들어 사용하기에 좋습니다.

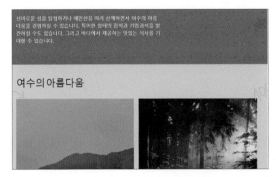

04 _ 4 사운드로우 SOUNDRAW - AI로 나만의 음악 만들기

사운드로우는 원하는 음악을 만들 수 있고, 간단하게 원하는 형식으로 편집도 할 수 있는 음악 생성 인공지능 서비스입니다. 유료 버전을 사용하면 유튜브나 동영상 배경 음악은 물론 작곡가 등 음악을 만드는 전문가들도 이용할 수 있는 수준 높은 노래도 만들고 다운로드 받을 수 있습니다.

다음은 사운드로우(soundraw)의 홈페이지 주소입니다.

• https://soundraw.io/

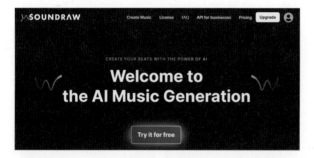

[Ctrate Music]을 누른 후 음악 만들기를 시작합니다. 음악을 만들려면 자신이 만들고 싶은 음악에 맞게 아래 메뉴를 잘 선택하면 됩니다.

위 장르(Genre), 무드(Mood), 테마(Theme), 길이(Length), 템포(Tempo), 악기(Instrumnets) 각각의 메뉴를 클릭한 후 각각의 스타일을 선택해서 정하면 선택한 요소에 맞춰 아래 목록에 음악이 생성되는 것을 알 수 있습니다. 예를 들면, 테마(Theme)를 여행(Travel)을 선택하면 선택한 요소에 맞춰 아래 음악이 선정됩니다. 템포(Tempo) 메뉴는 선택에서 제외하는 방식입니다. 예를 느린 템포 음악을 원하면 normal과 fast를 선택에서 제외하면 됩니다. 음악은 듣거나 다운로드 할 수 있습니다. 단, 무료 버전에서는 다운로드할 수 없습니다.

6가지 메뉴를 설정해 개인의 취향에 맞게 생성된 음악은 들어본 후 템포를 빠르게 혹은 느리게 바꿀 수 있고, 피아노나 일렉트릭 기타와 같은 악기 효과를 추가해서 수정할 수도 있습니다.

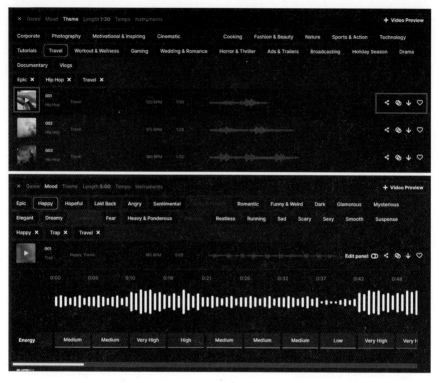

무료 버전은 생성 기능만 제공됩니다. 음악 생성은 무제한 할 수 있지만 다운로드 하려면 유료 버전을 사용해야 됩니다. 유료 버전은 크리에이터와 아티스트 두 가지 있으며, 만약 멜론과 같은 음악 플랫폼에 만든 음악을 판매하고 싶다면 아티스트 유료 버전을 사용하면 됩니다.

04 _ 5 클로바노트 CLOVA Note – 음성을 텍스트로 변환하기

클로바노트는 네이버에서 개발한 AI 기반 음성 인식 및 변환 소프트웨어입니다. 이는 사용자의 음성을 실시간으로 텍스트로 변환하며, 다양한 언어를 지원합니다. 사용자는 변환된 텍스트를 쉽게 편집할 수 있으며, 클로바노트의 사용자 친화적인 인터페이스는 회의, 강의, 미팅은 물론 일반 통화에서도 녹음된 음성 파일을 텍스트로 변환시키는 인공지능 서비스입니다. 클로바노트 인공지능 서비스는 회의록, 강의 노트, 인터뷰 기록 등을 손쉽게 작성할 수 있도록 도와줍니다.

무료로 이용할 수 있는 서비스입니다. 단, 한 달에 300분의 음성만 변환이 가능합니다.

다음은 클로바노트(clovanote)의 홈페이지 주소입니다.

- https://clovanote.naver.com/

무료로 사용이 가능하지만 한달에 300분의 음성을 변환할 수 있습니다.

04 _ 6 드림AI dream.ai - AI로 그림 그리기

dream.ai는 다양한 화풍의 그림을 생성하는 인공지능 어플리케이션으로 스마트폰에 설치하여 사용합니다. 예를 들면, 앞에서 배운 캔바로 책 표지 디자인을 하고, ChatGPT로 글을 쓰고, dream.ai로 그림을 그리면 동화책 한 권을 인공지능으로 만들 수 있습니다.

스마트폰에 설치 후 그림 생성을 위한 프롬프트(그림을 묘사 및 설명)을 입력 후 생성합니다.

프롬프트대로 그림이 생성된 것을 확인할 수 있습니다.

유료 버전에서는 더 많은 기능을 사용할 수 있습니다.

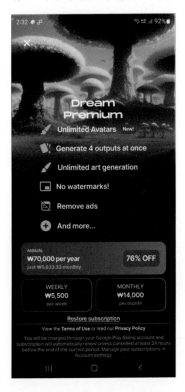

04 _ 7 런웨이 Runway – 텍스트나 이미지를 영상으로 만들기

런웨이(Runway)는 인공지능(AI)을 기반으로 한 창작 도구로, 비디오, 이미지, 오디오 편집 및 생성에 사용됩니다. 다양한 사전 훈련된 AI 모델을 통해 객체 제거, 스타일 전이, 텍스트에서 이미지 생성 등의 작업을 수행할 수 있습니다. 사용자 친화적인 인터페이스로 AI 기술에 익숙하지 않은 사용자도 쉽게 사용할 수 있으며, 예술가, 디자이너, 개발자 등 다양한 창작자들이 복잡한 AI 기술을 활용하여 창의적인 작업을 수행할 수 있도록 지원합니다.

다음은 프레이머(framer)의 홈페이지 주소입니다.

* https://runwayml.com/

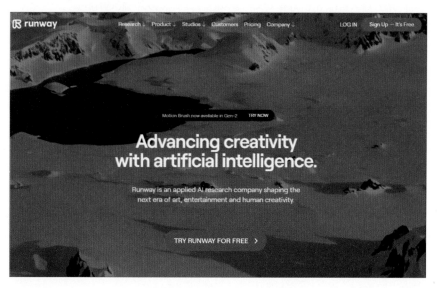

요금제는 다음과 같습니다. 처음 가입 시 125 크레딧을 제공하며, 무료로 사용할 수 있습니다.

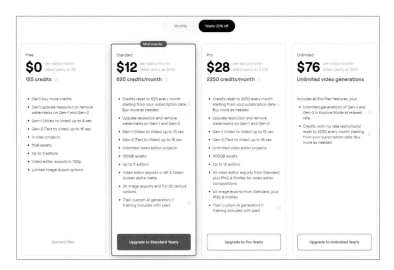

런웨이 AI 인공지능은 4초의 짧은 영상을 4초의 다른 영상으로 만드는 gen1을 개발한 이후 텍스트나 이미지를 영상으로 변환하는 gen2가 제공됩니다.

영상->영상, 문자->영상, 배경제거 등 다양한 영상생성 기능을 제공합니다.

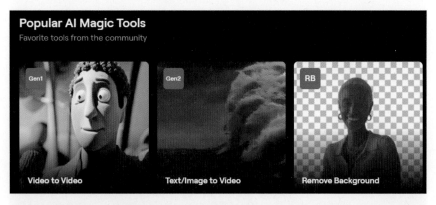

또한 다양한 이미지의 생성기능도 제공합니다.

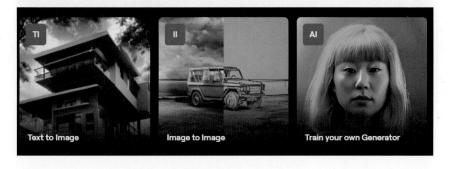

다양한 샘플 영상을 제공해주어 스타일을 선택할 수 있습니다.

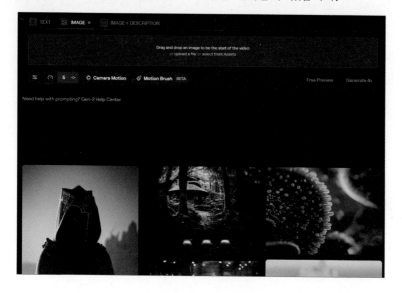

04 _ 8 감마 gamma AI - PPT를 자동으로 만들기

gamma AI는 인공지능을 이용하여 PPT, 문서, 웹 페이지를 생성하는 서비스입니다.
다음은 감마(gamma) AI 홈페이지 주소입니다.

- https://gamma.app/

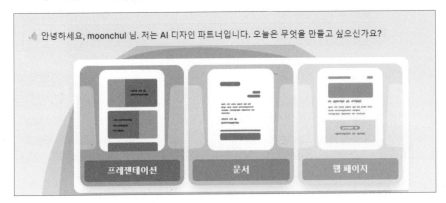

요금제는 다음과 같습니다. 무료로는 처음 가입 시 400 크레딧을 제공하며, 이후
에는 플러스, 프로 두 가지 유형의 유료 가입을 선택해야 합니다.

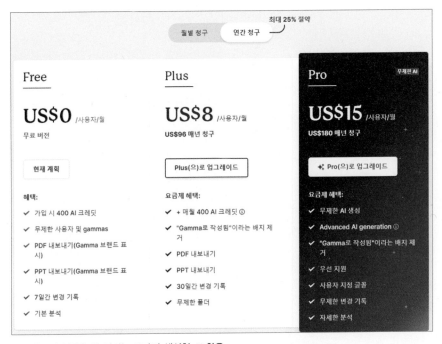

단 한 줄의 질문을 통해 PPT를 완성할 수 있습니다.

초등학생에게 설명하는 양자역학이라는 주제로 PPT를 생성해 보았습니다.

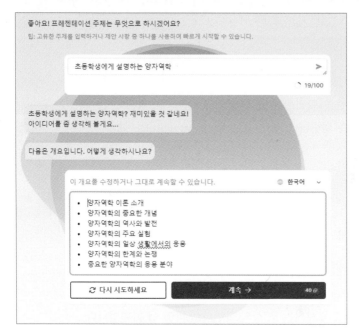

5분도 되지 않아 초등학생에게 설명하는 양자역학의 주제로 PPT를 완성하였습니다. PPT에 그림 및 디자인도 되어 있어 풍성하게 보입니다.

04 _ 9 마이크로소프트 디자이너 Microsoft designer - 이미지, 디자인 생성 및 카드뉴스, 썸네일 제작하기

마이크로소프트 디자이너(Microsoft designer)는 인공지능 기반의 생성형 이미지, 디자인 제작을 할 수 있고, 또한 미리캔버스나 망고보드와 같이 각종 썸네일, 카드뉴스 등과 같은 이미지 제작을 템플릿 기반으로 손쉽게 만들 수 있는 마이크로소프트의 AI 시스템입니다. 마이크로소프트 디자이너는 앱과 웹사이트를 이용할 수 있습니다.

다음은 마이크로소프트 디자이너(Microsoft designer) 홈페이지 주소입니다. 앱은 구글 플레이에서 "마이크로소프트 디자이너"로 검색 후 설치합니다.

• https://designer.microsoft.com/

다음은 로그인 후에 표시되는 PC상의 화면과 모바일 앱 화면입니다.

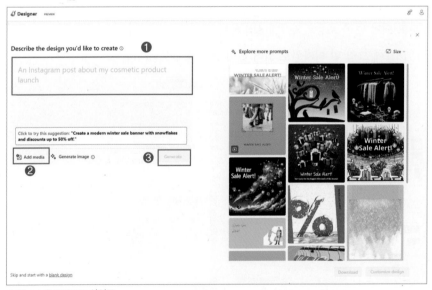

▲ Microsoft designer 사이트

❶ 카드뉴스의 주제를 입력하면 비슷한 느낌의 템플릿이 생성됩니다. 템플릿은 썸네일로 사용할 수 있습니다.

❷ 카드뉴스에 이용할 이미지를 등록합니다.

❸ [Generate] 버튼을 실행하면 이미지와 주제를 통해 새로운 템플릿을 생성할 수 있습니다.

▲ Microsoft designer 앱

ChatGPT 강의를 홍보하는 포스터로 디자인을 요청하였더니 아래와 같은 디자인을 생성해 주었습니다. 아직 체험판이긴 하나 퀄리티가 좋습니다.

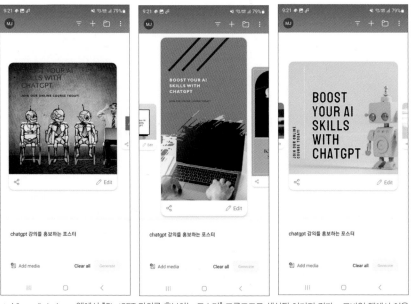

▲ Microsoft designer 앱에서 "ChatGPT 강의를 홍보하는 포스터" 프롬프트로 생성된 이미지 결과 _ 모바일 앱에서 이용

▲ Microsoft designer 사이트에서 "ChatGPT Lecture Poster" 프롬프트로 생성된 이미지 결과 _ PC에서 이용

04 _ 10 스테이블 디퓨전 Stable diffusion - 그림 생성하기

스테이블 디퓨전(Stable Diffusion)은 'text-to-image', 입력창(프롬프트)에 그리고 싶은 원하는 텍스트 명령어(키워드)를 입력하면 인공지능이 키워드와 연관된 이미지를 자동으로 생성하는 대표적인 생성형 AI 인공지능 서비스입니다.

Stable Diffusion은 인공지능을 기반으로 프로그램이 동작하기 때문에 그래픽카드가 필수입니다. 자신의 컴퓨터의 그래픽카드가 3060 이상 있다면 스테이블 디퓨전을 PC에 설치하여 무료로 사용할 수 있습니다.

첫 번째로 쉽게 설치하여 사용할 수 있는 easy diffusion입니다.
구글에서 "easy diffusion"을 검색 후 아래 사이트에 접속합니다.

아래 [Download] 버튼을 눌러 원도우 버전, 리눅스 버전, 맥 버전 중 자신의 OS에 맞는 버전을 선택해서 다운로드 받은 후 안내에 따라 Stable diffusion을 PC에 설치합니다.

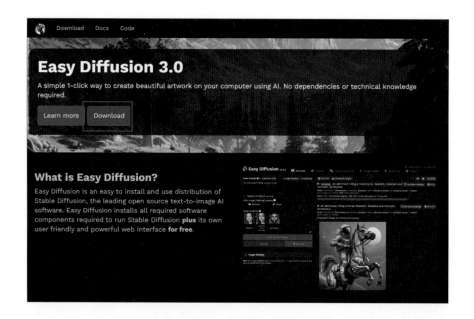

스테이블 디퓨전 AI 실사 모델을 공유 사이트에는 대표적으로 Civitai, Hugging Face, Arthub, Chillouitmix 등이 있습니다. 이 중에서 가장 유명한 Civitai 사이트에 대해서 알아보겠습니다.

civitai는 Stable diffusion의 모델을 공유하는 사이트로 다양한 이미지의 모델을 다운로드 받아 적용할 수 있습니다.

- https://civitai.com/

검색란에 원하는 이미지를 검색하거나 사이트 바탕화면의 여러 예시 중 원하는 그림체를 다운로드 받으면 됩니다.

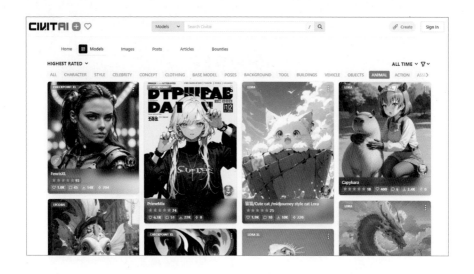

civitAI에서 다음과 같이 모델을 다운로드 받은 후 스테이블 디퓨전에 넣으면 됩니다.

지금까지 다양한 무료/유료 인공지능 서비스를 소개하였습니다. 2024년도는 인공지능을 활용한 다양한 서비스가 하루가 다르게 출시되고 있습니다. 이런 인공지능 서비스를 잘 활용하는 것도 업무의 효율을 높이는 방법입니다.

일반업무에
생성형 AI 활용하기

이메일 작성, 거절 방법, 보고서 작성 등 일반적인 업무에 챗봇을 어떻게 활용하는지 알아봅니다.

05 _ 1 AI를 활용한 이메일 작성하기

교수님께 메일 작성하기

교수님께 시험문제에 관한 문의사항을 이메일로 작성하는 것을 요청합니다. 윗 사람에게 격식을 갖추어 메일을 작성하는 것은 매우 어렵고 중요합니다. 이런 내용을 챗봇에게 요청합니다.

챗봇 : ChatGPT	
모델 : GPT-3.5	

질문:
나는 학생이야. 교수님에게 이메일을 보내고싶어. 중간고사의 4번문제가 잘못된거 같다는 내용이야. 최대한 공손하게 작성해줘.

답변:
물론, 교수님에게 보낼 이메일을 작성해 드릴게요. 아래는 공손한 양식의 이메일 예시입니다. 중간고사의 4번 문제에 대한 피드백을 포함하여 필요한 내용을 적절히 수정해 사용하시면 됩니다.

———

제목: 중간고사 4번 문제에 대한 피드백 요청

교수님께,
저는 [당신의 이름]이라는 학생입니다. 중간고사를 본 후에 몇 가지 생각을 해 보았는데, 4번 문제에 대해서 몇 가지 의문이 드는 부분이 있어 이렇게 이메일을 보내려 합니다.

먼저, 저는 [중간고사의 과목명] 시험에서 4번 문제를 풀 때 어려움을 겪었고, 제 답안이 올바른지 확신할 수 없습니다. 문제에 대한 해석과 답안이 명확하지 않아서 헷갈리는 부분이 있습니다.

제가 잘못 이해하고 있는 부분이 있다면 죄송하며, 가능하다면 4번 문제에 대한 추가 설명이나 해석을 부탁드립니다. 그렇게 하면 저와 다른 학생들이 더 잘 이해하고 올바른 접근 방식을 찾을 수 있을 것 같습니다.

교수님의 가르침을 항상 감사히 생각하고 있으며, 이런 의문을 해결할 수 있다면 정말 감사하겠습니다.

감사합니다.
[당신의 이름]
[학번 또는 연락처]

———

이런 식으로 이메일을 작성하면 교수님에게 문제에 대한 피드백을 요청하면서도 공손하게 소통할 수 있을 것입니다. 교수님은 학생들의 의견과 질문을 환영할 것이라고 기대합니다.

거절 메일 작성하기

거절하는 것도 매우 어려운 작업으로 상대방이 불쾌하지 않도록 메일을 작성하는 방법을 요청하였습니다.

챗봇 : ChatGPT
모델 : GPT-3.5

질문:
거절 메일을 작성할거야. 상대방이 불쾌하지 않도록 거절하는 내용의 메일을 작성해줘.

답변:
물론, 거절 메일을 작성하는 데 도움을 드리겠습니다. 거절 메일은 상대방의 민감한 감정을 존중하면서도 명확하게 거절의 의사를 표현해야 합니다. 아래는 그런 메일의 예시입니다. 상황에 따라 약간 수정해야 할 수 있습니다.

...

제목: 협력 제안에 대한 회신

안녕하세요 [상대방의 이름]님,

먼저, [회사 또는 조직 이름]에 대한 협력 제안을 보내주셔서 감사드립니다. 저희는 항상 새로운 기회와 파트너십을 검토하고 있으며, 귀하의 관심에 감사드립니다.

제안 내용을 주의 깊게 검토해보았지만, 현재의 상황과 전략에 따라서는 이 제안을 받아들일 수 없음을 안타깝게 알려드립니다. 이 결정은 귀하의 제안의 가치나 중요성을 무시하는 것이 아니라, 우리의 비즈니스 방향과 현재의 우선 순위에 따른 것입니다.

우리는 귀하의 노력과 시간에 감사드리며, 미래에 가능한 다른 협력 기회에 대해서도 열려 있다는 것을 알려드립니다. 우리는 업계에서 함께 성장하고자 하는 동료로서 귀하를 존경하고 있습니다.

다시 한 번, 귀하의 관심에 감사드리며, 더 나은 미래를 위해 기대하겠습니다. 언제든지 궁금한 사항이나 질문이 있으시면 언제든지 연락 주십시오.

감사합니다.

고맙습니다.
[귀하의 이름]
[귀하의 직책]
[귀하의 회사/조직 이름]
[귀하의 연락처 정보]

...

이러한 메일은 거절의 사실을 솔직하게 전달하면서도 예의를 갖춘 방식으로 상대방의 민감한 감정을 존중합니다. 또한 미래의 협력 기회에 대한 문을 열어두는 것이 좋습니다.

영문 비즈니스 메일 작성하기

영문 비즈니스 메일을 격식을 갖추어 작성하는 방법에 대해서 알아봅니다.

CLOVA X 챗봇 : 클로바 X

질문:

영문 비즈니스 메일을 작성하고 싶어. 아래의 내용이 포함되도록 비즈니스 메일을 작성해줘
– 귀사의 제품이 마음에 든다
– 샘플을 보내줄 수 있냐?

답변:

Dear [Recipient's Name],

I hope this email finds you well. I am writing to express my interest in your company's products. I recently came across your product line and I must say, I am quite impressed with the quality and design of your products.

I would like to request a sample of your products to further evaluate its features and functionality. I believe that a hands-on experience with your product would enable me to better understand its potential and make an informed decision about incorporating it into our business.

If possible, could you kindly send me a sample of your product along with information about its specifications and pricing? I would greatly appreciate your assistance in this matter.

Thank you for your time and consideration. I look forward to hearing from you soon.

Sincerely,
[Your Name]

질문:
위의 내용을 한글로 번역해서 알려줘

답변:
안녕하세요 [수신자 이름]님,

이 이메일이 잘 전달되기를 바랍니다. 귀사의 제품에 대한 관심을 표명하고자 이 글을 씁니다. 최근 귀사의 제품 라인을 우연히 발견하게 되었는데, 제품의 품질과 디자인에 매우 감명받았습니다.

귀사의 제품을 더 자세히 평가해 볼 수 있도록 샘플을 요청하고 싶습니다. 귀사의 제품을 직접 사용해 보면 제품의 잠재력을 더 잘 이해하고 비즈니스에 도입하는 데 대한 정보에 입각한 결정을 내릴 수 있을 것이라고 생각합니다.

가능하다면 제품의 사양과 가격에 대한 정보와 함께 제품 샘플을 보내주실 수 있을까요? 이 문제에 대한 도움을 주시면 감사하겠습니다.

시간과 배려에 감사드립니다. 빠른 회신을 기대합니다.

감사합니다.
[귀하의 이름]

다양한 이메일 예시

다양한 상황에 따른 이메일의 예시를 알아봅니다. 마음에 드는 예시를 찾았다면 다시 질문하여 내 것으로 만드는 과정입니다.

질문:
비즈니스 메일을 작성할거야. 다양한 이메일의 예시를 알려줘.

답변:
비즈니스 이메일은 크게 다음과 같은 종류로 나눌 수 있습니다.

* **소개 이메일**
  * 회사 소개, 신제품 소개, 서비스 소개 등의 목적으로 작성하는 이메일입니다.
  …

  제목: [회사명] 소개

  안녕하세요. [회사명]의 [담당자 이름]입니다.

  [회사명]은 [사업 분야]를 전문으로 하는 기업입니다. [회사 소개 내용]

  자세한 내용은 [링크]에서 확인하실 수 있습니다.

  감사합니다.

  Best regards,
  [담당자 이름]

  …

* **제안 이메일**
  * 제품이나 서비스의 판매, 협업, 투자 등의 제안을 하는 이메일입니다.

  제목: [제안 내용]에 대한 제안

  안녕하세요. [회사명]의 [담당자 이름]입니다.

  저희 [회사명]은 [사업 분야]를 전문으로 하는 기업입니다.

  최근에 [제안 내용]을 기획하게 되었고, 귀사의 [관심 분야]에 도움이 될 수 있을 것으로 생각하여 제안하게 되었습니다.

  자세한 내용은 [링크]에서 확인하실 수 있습니다.

  좋은 기회가 되기를 바랍니다.

  감사합니다.

  Best regards,
  [담당자 이름]

* **문의 이메일**

  * 제품이나 서비스에 대한 문의, 계약 조건에 대한 문의, 일정 조율 등의 목적으로 작성하는 이메일입니다.

  ...

  제목: [문의 내용]에 대한 문의

  안녕하세요. [회사명]의 [담당자 이름]입니다.

  저희는 [회사명]에서 [직책]으로 근무하고 있는 [이름]입니다.

  최근에 귀사의 [제품명]에 관심을 갖게 되어 문의드립니다.

  [문의 내용]에 대한 답변을 부탁드립니다.

  감사합니다.

  Best regards,
  [담당자 이름]

  ...

* **협조 이메일**

  * 행사나 프로젝트 등에 대한 협조를 요청하는 이메일입니다.

  제목: [행사명]에 대한 협조 요청

  안녕하세요. [회사명]의 [담당자 이름]입니다.

  저희는 [회사명]에서 [사업 분야]를 전문으로 하는 기업입니다.

  다음 달 [일시]에 [장소]에서 개최되는 [행사명]에 [협조 내용]에 대한 협조를 요청드립니다.

  자세한 내용은 [링크]에서 확인하실 수 있습니다.

  귀사의 적극적인 협조 부탁드립니다.

  감사합니다.

  Best regards,
  [담당자 이름]

* **수신 확인 이메일**

  * 상대방이 메일을 받았는지 확인하기 위해 작성하는 이메일입니다.

  제목: [메일 제목] 수신 확인

안녕하세요. [회사명]의 [담당자 이름]입니다.

오늘 보내드린 [메일 제목] 메일 잘 받으셨나요?

해당 메일에 대한 답변이나 추가 문의가 있으신 경우 언제든지 연락주세요.

감사합니다.

Best regards,
[담당자 이름]

이외에도 비즈니스 이메일은 다양한 목적으로 작성될 수 있습니다. 이메일을 작성할 때는 다음과 같은 사항을 유의하시기 바랍니다.

* **제목을 간결하고 명확하게 작성하세요.**

* **받는 사람을 정확하게 기입하세요.**

* **인사말과 인사말을 작성하세요.**

* **본문에서 용건을 명확하게 전달하세요.**

* **마무리 인사

05 _ 2 창작 보고서 만들기 – ChatGTP, 퀴튼, 바드 활용하기

데이터가 없는 상태에서 챗봇에게 질문을 통해 보고서를 만들어봅니다.

어린이, 청소년의 스마트폰 중독에 관한 보고서를 만들어보도록 합니다.

ChatGPT | 챗봇 : ChatGPT
모델 : GPT-3.5

질문:
어린이, 청소년의 스마트폰 중독에 대한 보고서를 2페이지 분량으로 작성해줘.

답변:
제목: 어린이와 청소년의 스마트폰 중독에 대한 보고서

1. 서론
스마트폰은 현대 사회에서 더 이상 빠질 수 없는 필수품 중 하나로 자리잡았습니다. 어린이와 청소년들도 예외는 아니며, 스마트폰은 그들의 일상생활에 큰 영향을 미치고 있습니다. 이러한 영향에는 긍정적인 면도 있지만, 중독과 같은 부정적인 영향도 존재합니다. 본 보고서에서는 어린이와 청소년의 스마트폰 중독 문제를 탐구하고, 그 원인과 영향을 살펴보겠습니다.

2. 스마트폰 중독의 정의
스마트폰 중독은 스마트폰 사용으로 인해 학업, 사회관계, 건강, 정신적 안녕 등 다양한 측면에서 부정적인 영향을 받는 상태를 나타냅니다. 중독은 스마트폰 사용 시간이 지나치게 증가하거나 스마트폰을 계속 사용하려는 강한 욕구를 경험할 때 발생합니다.

3. 중독의 원인
어린이와 청소년의 스마트폰 중독은 여러 요인에 기인할 수 있습니다. 그 중 주요 원인은 다음과 같습니다:
- 쉬운 접근성: 스마트폰은 어린이와 청소년에게 쉽게 접근 가능하며 무제한으로 사용할 수 있습니다.
- 소셜 미디어: 소셜 미디어 플랫폼은 상호작용과 즐거움을 제공하며 스마트폰 중독의 주요 원인 중 하나입니다.
- 게임: 중독성 있는 게임은 어린이와 청소년 사이에서 매력적이며, 긴 시간 동안 스마트폰을 사용하게 합니다.
- 부모의 양육 방식: 부모의 스마트폰 사용 양육 방식은 어린이의 스마트폰 사용에 큰 영향을 미칩니다.

4. 중독의 영향

스마트폰 중독은 어린이와 청소년들에게 다양한 부정적인 영향을 미칩니다. 이러한 영향에는 다음과 같은 사항이 포함됩니다:

- 학업 성적 저하: 지나치게 스마트폰을 사용하면 공부 시간이 줄어들고 학업 성적이 하락할 수 있습니다.
- 사회적 고립: 스마트폰 중독은 현실 세계에서의 사회적 관계를 손상시킬 수 있으며, 친구나 가족과의 소통을 방해합니다.
- 신체 건강 문제: 장시간의 스마트폰 사용은 운동 부족 및 안구 건강 문제와 연결될 수 있습니다.
- 정신 건강 문제: 스마트폰 중독은 우울증, 불안, 스트레스 등의 정신 건강 문제를 유발할 수 있습니다.

5. 대책 및 권고사항

어린이와 청소년의 스마트폰 중독을 예방하고 해결하기 위해 다음과 같은 대책과 권고사항이 필요합니다:

- 부모 교육: 부모들에게 스마트폰 사용에 대한 올바른 가이드라인을 제공하고 양육 방식을 조절할 수 있도록 교육을 강화해야 합니다.
- 교육 기관 협력: 학교와 교육 기관은 스마트폰 중독에 대한 교육 프로그램을 도입하여 학생들을 인식시키고 예방책을 제공해야 합니다.
- 스마트폰 사용 시간 제한: 부모들은 어린이와 청소년의 스마트폰 사용 시간을 제한하고 스크린타임 관리 앱을 활용할 수 있습니다.

6. 결론

어린이와 청소년의 스마트폰 중독은 중요한 문제로, 그 영향은 학업, 사회관계, 건강 및 정신 건강에 미치고 있습니다. 이 문제를 해결하기 위해서는 부모, 교육 기관 및 사회 모두가 협력하여 적절한 대책을 마련하고 어린이와 청소년을 지원해야 합니다. 스마트폰은 유용한 도구일 수 있지만, 적절한 사용과 균형이 필요합니다.

똑같은 질문을 GPT-4.0을 이용해보도록 합니다. GPT-4.0을 무료로 사용할 수 있는 뤼튼을 이용하였습니다.

질문:
어린이, 청소년의 스마트폰 중독에 대한 보고서를 2페이지 분량으로 작성해줘.

답변:

안녕하세요. 아래에 어린이와 청소년의 스마트폰 중독에 대한 보고서 초안을 작성했습니다. 내용을 더 추가하거나 수정하길 원하시면 알려주세요.

제목: 어린이와 청소년의 스마트폰 중독 문제

1. **서론**

전 세계적으로 스마트폰 사용이 빠르게 증가하고 있으며, 이는 어린이와 청소년에서도 마찬가지입니다. 하지만 이로 인해 발생하는 문제 중 하나가 스마트폰 중독으로, 특히 어린이와 청소년은 이러한 위험에 더욱 노출되어 있습니다.

2. **스마트폰 중독의 정의와 증상**

스마트폰 중독은 스마트폰 사용을 자제하지 못하고, 일상생활에 지장을 초래하는 상태를 말합니다. 중독 증상에는 불안, 우울, 과도한 피로, 눈의 피로감, 학업 성적 하락 등이 있을 수 있습니다.

3. **어린이와 청소년의 스마트폰 중독 현황**

최근 연구에 따르면, 어린이와 청소년의 스마트폰 사용 시간은 점점 늘어나고 있습니다. 이로 인해 스마트폰 중독 위험이 높아지며, 이는 심리적, 사회적 문제를 야기할 수 있습니다.

4. **스마트폰 중독의 영향**

스마트폰 중독은 어린이와 청소년의 정서적 안정, 사회적 능력, 학업 성적에 영향을 미칠 수 있습니다. 또한, 자기 통제력 부족과 같은 문제도 초래할 수 있습니다.

5. **스마트폰 중독 예방 방안**

스마트폰 중독을 예방하기 위해선 일정한 스마트폰 사용 규칙 설정, 활동의 다양화, 스마트폰 사용에 대한 교육 등이 필요합니다. 또한, 부모와 학교의 역할도 중요합니다.

6. **결론**

스마트폰 중독은 심각한 사회적 문제로, 이를 해결하기 위한 다양한 방법이 요구됩니다. 이 문제를 해결하기 위해선 가정, 학교, 사회가 함께 노력해야 합니다.

이 보고서는 2021까지의 정보를 바탕으로 작성되었습니다. 최신 연구 결과나 통계를 반영하려면 추가 정보가 필요합니다.

질문:

조금 더 길게 작성해줘.

답변:

네, 보고서를 좀 더 확장해드리겠습니다.

제목: 어린이와 청소년의 스마트폰 중독 문제

1. **서론**

스마트폰은 우리의 일상생활에 깊숙이 녹아들어 있습니다. 어린이와 청소년들도 예외가 아닙니다. 그러나, 스마트폰은 그들에게 학습 도구로서의 역할을 하면서 동시에 빠르게 중독의 원인이 되고 있습니다. 이 보고서에서는 어린이와 청소년의 스마트폰 중독 현상에 대해 논의하고 이에 대한 해결책을 제시하고자 합니다.

2. **스마트폰 중독의 정의와 증상**

스마트폰 중독은 스마트폰 사용을 자제하지 못하고, 일상생활에 지장을 초래하는 상태를 말합니다. 중독 증상에는 불안, 우울, 과도한 피로, 눈의 피로감, 학업 성적 하락 등이 있을 수 있습니다. 이 외에도 스마트폰 사용으로 인한 사회적 고립감이나 대인 관계 문제 등도 주요 증상으로 나타날 수 있습니다.

3. **어린이와 청소년의 스마트폰 중독 현황**

최근 연구에 따르면, 어린이와 청소년의 스마트폰 사용 시간은 점점 늘어나고 있습니다. 이로 인해 스마트폰 중독 위험이 높아지며, 이는 심리적, 사회적 문제를 야기할 수 있습니다. 특히, 학업 성적 하락, 사회적 고립, 우울증 등 여러 부정적인 영향을 미치고 있습니다.

4. **스마트폰 중독의 영향**

스마트폰 중독은 어린이와 청소년의 정서적 안정, 사회적 능력, 학업 성적에 영향을 미칠 수 있습니다. 또한, 자기 통제력 부족과 같은 문제도 초래할 수 있습니다. 더욱이, 중독이 심해질수록 청소년들이 가지고 있어야 할 사회적 기술과 대인 관계를 유지하려는 노력이 떨어질 수 있습니다.

5. **스마트폰 중독 예방 방안**

스마트폰 중독을 예방하기 위해선 일정한 스마트폰 사용 규칙 설정, 활동의 다양화, 스마트폰 사용에 대한 교육 등이 필요합니다. 또한, 부모와 학교의 역할도 중요합니다. 부모는 스마트폰 사용에 대한 적절한 규칙을 설정하고, 이를 준수하는 것을 감독해야 하며, 학교에서는 디지털 리터러시 교육을 통해 학생들이 스마트폰을 건강하게 사용하는 방법을 배울 수 있도록 해야 합니다.

6. **결론**

　스마트폰 중독은 심각한 사회적 문제로, 이를 해결하기 위한 다양한 방법이 요구됩니다. 이 문제를 해결하기 위해선 가정, 학교, 사회가 함께 노력해야 합니다.

이 보고서는 2021년까지의 정보를 바탕으로 작성되었습니다. 최신 연구 결과나 통계를 반영하려면 추가 정보가 필요합니다.

바드를 이용하여 똑같은 질문을 하여 답변을 받았습니다.

G Bard 챗봇 : 바드

질문:

답변:

어린이, 청소년의 스마트폰 중독에 대한 보고서

1. 서론
스마트폰은 현대 사회에서 필수적인 도구로 자리 잡았다. 어린이, 청소년들도 스마트폰을 통해 다양한 정보를 접하고, 소통하고, 여가를 즐기고 있다. 그러나 스마트폰의 과도한 사용은 어린이, 청소년의 건강과 학습에 부정적인 영향을 미칠 수 있다는 우려가 제기되고 있다.

2. 스마트폰 중독의 개념
스마트폰 중독은 스마트폰을 습관적으로 사용하거나, 스마트폰 사용을 통제하지 못하는 상태를 말한다. 스마트폰 중독의 대표적인 증상으로는 다음과 같은 것들이 있다.

* 스마트폰을 사용하지 않으면 불안하거나 초조해진다.

* 스마트폰을 사용해야겠다는 생각을 자주 한다.

* 스마트폰 사용을 줄이려고 노력했지만 실패한다.

* 스마트폰 사용으로 인해 학업이나 일, 대인관계에 어려움을 겪는다.

3. 어린이, 청소년의 스마트폰 중독 현황
한국정보화진흥원의 조사에 따르면, 2022년 기준 만 10세 이상 청소년의 스마트폰 사용률은 98.4%에 달한다. 또한, 청소년의 하루 평균 스마트폰 사용 시간은 4시간 22분으로, 2020년 대비 10분 증가했다.

스마트폰 중독은 어린이, 청소년들에게 다양한 문제를 일으킬 수 있다. 대표적인 문제로는 다음과 같은 것들이 있다.

* 학습 부진: 스마트폰 사용으로 인해 학습에 집중하지 못하고, 학업 성적이 저하될 수 있다.

* 신체적 건강 문제: 스마트폰 화면을 장시간 바라보면서 시력 저하, 두통, 거북목 증후군 등의 신체적 건강 문제가 발생할 수 있다.

* 정서적 문제: 스마트폰 사용으로 인해 우울증, 불안증, 사회성 결여 등의 정서적 문제가 발생할 수 있다.

4. 어린이, 청소년의 스마트폰 중독 예방 및 대처
어린이, 청소년의 스마트폰 중독을 예방하고 대처하기 위해서는 다음과 같은 노력이 필요하다.

* 부모의 역할: 부모는 자녀의 스마트폰 사용 시간을 적절하게 관리하고, 스마트폰 사용에 대한 올바른 가치관을 형성하도록 지도해야 한다.

* 학교의 역할: 학교는 스마트폰 사용에 따른 문제점을 교육하고, 스마트폰을 바람직하게 사용하는 방법을 가르쳐야 한다.

* 사회의 역할: 정부는 스마트폰 중독 예방을 위한 정책을 마련하고, 사회 구성원들이 스마트폰 사용에 대한 경각심을 갖도록 노력해야 한다.

5. 결론
어린이, 청소년의 스마트폰 중독은 심각한 사회 문제로 대두되고 있다. 스마트폰 중독 예방 및 대처를 위해서는 부모, 학교, 정부 등 사회 구성원들의 협력이 필요하다.

추가 의견
어린이, 청소년의 스마트폰 중독을 예방하기 위해서는 다음과 같은 것들도 고려해 볼 수 있다.
* 스마트폰을 대체할 수 있는 다양한 활동을 제공한다.
* 스마트폰 사용에 대한 자녀의 의견을 존중한다.
* 자녀의 스마트폰 사용에 대해 솔직하고 개방적으로 대화한다.

스마트폰은 어린이, 청소년들에게 유용한 도구가 될 수 있다. 그러나 스마트폰의 과도한 사용은 어린이, 청소년의 건강과 성장에 부정적인 영향을 미칠 수 있으므로, 스마트폰 사용에 대한 올바른 인식을 갖고, 적절하게 사용하도록 지도하는 것이 중요하다.

답변의 내용적인 부분을 제외하고 답변의 양은 바드가 가장 많았습니다. 답변 내용의 수준도 바드가 가장 좋았습니다. GPT 모델이 창작면에서는 훌륭하나 다양한 챗봇에 질문하여 원하는 결과만을 취합해도 좋습니다. 뤼튼의 GPT-4.0모델의 경우 성능이 좋고 바드의 경우 길고 빠르게 답변해주기 때문에 하나만을 사용하는 게 아닌 상호 보환하여 사용하는 방법을 추천합니다.

05 _ 3 보고서 만들기(긴 글 요약) - 구글, ChatGTP, 퀴튼 활용하기

긴 글을 요약해서 보고서를 작성해보도록 합니다.

구글에서 "대한민국 출산율"을 검색 후 아래 사이트에 접속합니다.

[1.개요]에서부터 마우스를 드래그 합니다.

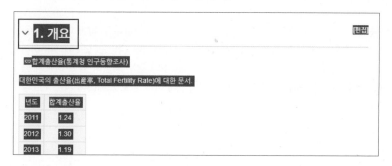

[4. 관련 통계]까지 드래그한 다음 내용을 복사합니다.

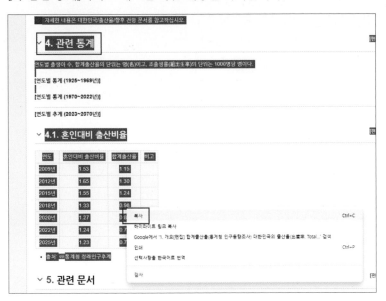

ChatGPT 3.5 모델을 사용하여 붙여넣고 내용을 요약해 달라고 하였습니다.

GPT3.5 모델의 경우 글자수의 제한이 있어 너무 긴 글의 경우 답변하지 못하였습니다.

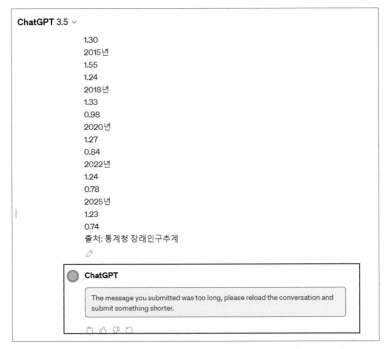

뤼튼의 GPT-3.5-16K 모델을 선택하고 "아래의 내용을 요약해줘"를 입력 후 [쉬프트 + 엔터]로 줄바꿈 후 내용을 붙여넣었습니다.

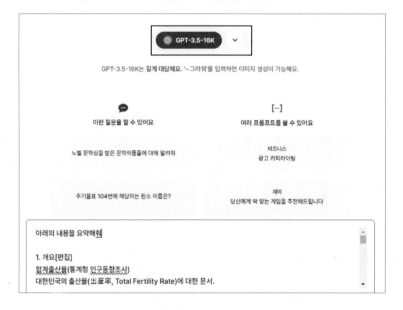

GPT-3.5-16K 모델의 경우 조금 더 길게 답변하였습니다.

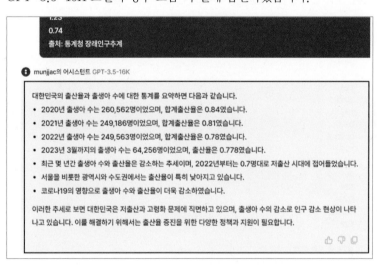

05 _ 4 강의계획서 만들기

기존에 출간된 책의 목차를 바탕으로 강의계획서를 만들어봅니다.

필자가 집필한 [파이썬으로 구현하는 AI 자율주행 자동차] 책의 강의계획서를 작성해봅니다.

온라인 서적 판매 사이트에서 책의 목차, 정보 등을 찾습니다.

책의 정보 중 책 소개와 목차를 모두 정보로 제공하였습니다. 그 내용을 바탕으로 표를 이용한 강의계획서를 요청하였습니다. 질문의 내용은 너무 길어 책에서는 표시하지 않았습니다.

바드의 경우 풍부한 내용으로 강의계획서를 작성해주었습니다.

G Bard 챗봇 : 바드

질문:
아래의 내용으로 강의계획서를 표를 이용하여 작성해줘.

책 소개
『파이썬으로 구현하는 AI 자율주행 자동차 with 아두이노 자동차 만들기』책의 핵심은 이미지

목차
CHAPTER 01 자율주행 자동차 시작

01 자율주행 자동차란
... 중략...

답변:

강의계획서

강의명 : 파이썬으로 구현하는 AI 자율주행 자동차 with 아두이노 자동차 만들기

강의목표
* 파이썬 기초 문법을 익히고, 이미지 처리를 통해 자율주행을 구현하는 방법을 이해한다.
* 아두이노를 활용하여 웹을 통한 영상 스트리밍 및 원격 조종이 가능한 자동차를 만든다.

강의대상
* 파이썬과 아두이노에 관심 있는 초급자

강의내용
* 자율주행 자동차 조립하기
* 개발환경 구성 및 파이썬 기초 문법 익히기
* OpenCV를 활용한 자동차 조종하기
* 인공지능 자율주행 자동차 만들기
* OpenCV를 이용한 자율주행 자동차 만들기
* 인공지능 객체 검출하여 자율주행하기
* 아두이노 자동차 개발환경 구성
* 아두이노 자동차 기능 테스트
* 웹 서버로 조종하는 자동차 만들기

강의방법
* 강의 및 실습

강의평가

* 출석, 퀴즈, 과제

강의일정

강의주제	강의내용
———	———
1주차	자율주행 자동차란, AI 자동차 조립하기
2주차	개발환경 구성 및 파이썬 기초 문법 익히기
3주차	OpenCV를 활용한 자동차 조종하기
4주차	인공지능 자율주행 자동차 만들기
5주차	OpenCV를 이용한 자율주행 자동차 만들기
6주차	인공지능 객체 검출하여 자율주행하기
7주차	아두이노 자동차 개발환경 구성
8주차	아두이노 자동차 기능 테스트
9주차	웹 서버로 조종하는 자동차 만들기

참고자료

* 『파이썬으로 구현하는 AI 자율주행 자동차 with 아두이노 자동차 만들기』, 저, 앤써북
* https://www.tensorflow.org/
* https://pytorch.org/
* https://opencv.org/
* https://www.arduino.cc/

기타

* **준비물**
    * 컴퓨터 (Windows, Mac, Linux)
    * 파이썬 개발환경 (Anaconda, Visual Studio Code 등)
    * 아두이노 (ESP32)
    * 아두이노 부품 키트

* **실습 환경**
    * 컴퓨터 2대 이상 (1대는 PC, 1대는 아두이노)
    * Wi-Fi 네트워크

수업 운영 방침

* 수업 시간에는 퀴즈 및 실습 위주로 진행됩니다.

* 출석은 필수로, 10%를 차지합니다.

* 퀴즈는 20%, 실습 및 과제는 70%를 차지합니다.

* 수업 내용은 수업 시간에 배운 내용을 바탕으로 진행됩니다.

* 실습 관련 질문은 수업 시간에 하시기 바랍니다.

수강생을 위한 안내

* 본 강의는 파이썬과 아두이노에 대한 기초적인 지식이 필요합니다.

* 본 강의는 자율주행 자동차를 직접 제작하는 과정을 다룹니다.

* 실습에 필요한 부품은 수강생 본인이 준비해야 합니다.

수강생을 위한 도전 과제

* 본 강의의 수료 후에는 다음과 같은 도전 과제를 수행해 보시기 바랍니다.

    * 자율주행 자동차의 성능을 향상시키기 위해 새로운 기술을 적용해 보세요.

    * 새로운 종류의 자율주행 자동차를 만들어 보세요.

    * 자율주행 자동차의 보급을 위해 노력해 보세요.

빙챗(Copilot)의 경우에도 표를 이용하여 강의계획서를 요약해 주었습니다.

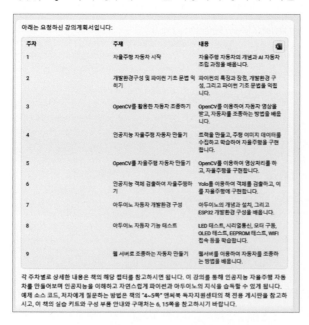

이처럼 내가 가진 정보를 바탕으로 새로운 내용으로 가공이 가능합니다. 책의 소
개와 목차를 바탕으로 강의계획서를 만들어보았습니다.

05 _ 5 회의 주제 정하기

친환경 화장품을 만들어 회사 내부에서 홍보를 위한 회의 주제를 선정하기 위해서 챗봇을 활용하였습니다.
ChatGPT를 활용한 질문내용입니다.

챗봇 : ChatGPT
모델 : GPT-3.5

질문:
친환경 화장품을 만들었어. 홍보를 위해 회의를 할건데 회의 주제에 대해서 작성해줘. 어떤 주제로 회의를 하면 화장품을 잘 홍보할 수 있는지에 대해서.

답변:
홍보를 위한 친환경 화장품 회의 주제 제안:

1. 친환경 화장품의 가치 소개:
   - 친환경 화장품의 중요성과 이점을 강조합니다. 화장품 시장에서 친환경 제품이 차지하는 고유한 위치와 경쟁력을 설명합니다.

2. 환경 지속 가능성 강조:
   - 화장품 제조 및 포장 과정에서 친환경적인 실천 사례를 공유하고, 이러한 노력이 환경 보호와 지속 가능한 미래에 어떻게 기여하는지 설명합니다.

3. 제품 라인업 소개:
   - 친환경 화장품 제품 라인업을 소개하고, 각 제품의 독특한 특징과 장점을 강조합니다. 고객에게 다양한 선택권을 제공하여 다양한 화장품 필요를 충족시키는 방법을 강조합니다.

4. 인증 및 인증 기관 소개:
   - 친환경 화장품 제품에 대한 인증과 해당 제품이 친환경적인 표준을 준수하는 방법을 소개합니다. 공인된 인증 기관과의 협력을 강조하여 신뢰성을 높입니다.

5. 고객 인식과 소통 전략:
   - 소비자가 친환경 화장품에 대한 인식을 높이고 관심을 갖게 하는 전략을 논의합니다. 소셜 미디어, 블로그, 이벤트, 협력 파트너십 등을 활용한 소통 전략을 검토하고 개발합니다.

6. 미디어 및 프로모션 계획:
   - 어떻게 미디어를 활용하여 친환경 화장품을 홍보할 것인지 계획합니다. 프로모션 및 광고 캠페인의 전략과 예산을 고려합니다.

7. 지속 가능한 브랜드 메시지:
   – 친환경 화장품 브랜드의 핵심 메시지와 가치관을 정의하고, 이를 일관되게 전달하는
     방법을 논의합니다.

8. 경쟁 분석:
   – 주요 경쟁 업체와 친환경 화장품 시장에서의 위치를 파악하고, 경쟁 우위를 확보하기
     위한 전략을 검토합니다.

9. 피드백 및 개선:
   – 친환경 화장품 홍보 전략을 실시한 후에는 결과를 모니터링하고 피드백을 수집하여 개
     선점을 파악하고 조치를 취합니다.

이러한 주제를 다루면서 친환경 화장품을 효과적으로 홍보하고, 환경 보호에 대한 고객의
관심을 끌 수 있을 것입니다.

바드를 활용하였습니다. 답변의 길이는 바드가 더 풍부하게 답변하였습니다.

G Bard 챗봇 : 바드

질문:
친환경 화장품을 만들었어. 홍보를 위해 회의를 할건데 회의 주제에 대해서 작성해줘. 어떤
주제로 회의를 하면 화장품을 잘 홍보할 수 있는지에 대해서.

답변:

회의 주제: 친환경 화장품 홍보 전략 수립

**회의 목표: 친환경 화장품의 경쟁력을 높이고, 소비자에게 효과적으로 전달하기 위한 홍
보 전략을 수립한다.**

회의 참석자:
* 대표이사
* 마케팅 담당자
* 영업 담당자
* 홍보 담당자

회의 내용:
* 친환경 화장품의 시장 동향 및 경쟁사 분석
* 타겟 고객층 및 마케팅 채널 선정
* 홍보 메시지 및 콘텐츠 개발
* 홍보 예산 및 일정 수립

회의 진행 순서:

1. 친환경 화장품의 시장 동향 및 경쟁사 분석
    * 친환경 화장품 시장의 규모 및 성장률
    * 경쟁사의 마케팅 전략 및 성과
    * 친환경 화장품의 경쟁우위 요소
2. 타겟 고객층 및 마케팅 채널 선정
    * 친환경 화장품의 주요 소비자층
    * 마케팅 채널의 특징 및 효과
    * 타겟 고객층에 적합한 마케팅 채널
3. 홍보 메시지 및 콘텐츠 개발
    * 친환경 화장품의 가치 및 장점을 효과적으로 전달할 수 있는 메시지 개발
    * 메시지를 전달할 수 있는 콘텐츠 기획 및 제작
4. 홍보 예산 및 일정 수립
    * 홍보에 투입할 예산 및 일정 수립
    * 홍보 효과를 측정할 수 있는 지표 설정

회의 결과:

* 친환경 화장품의 시장 동향 및 경쟁사 분석을 통해 타겟 고객층 및 마케팅 채널을 선정한다.
* 친환경 화장품의 가치 및 장점을 효과적으로 전달할 수 있는 홍보 메시지 및 콘텐츠를 개발한다.
* 홍보에 투입할 예산 및 일정을 수립하여 효과적인 홍보를 추진한다.

회의 후속 조치:

* 홍보 메시지 및 콘텐츠를 구체화하고, 홍보 채널별로 실행 계획을 수립한다.
* 홍보 효과를 측정하기 위한 지표를 설정하고, 성과를 분석한다.

이러한 회의 주제와 진행 순서로 회의를 진행한다면, 친환경 화장품의 경쟁력을 높이고, 소비자에게 효과적으로 전달할 수 있는 홍보 전략을 수립할 수 있을 것이다.

구체적인 회의 내용은 친환경 화장품의 특성에 따라 조정될 수 있다. 예를 들어, 화장품의 성분이나 효능이 차별화된 경우, 이러한 특징을 강조하는 홍보 전략을 수립할 수 있다. 또한, 화장품의 가격이 상대적으로 높은 경우, 가성비를 강조하는 홍보 전략을 수립할 수도 있다.

또한, 회의 참석자들의 의견을 적극적으로 수렴하여, 모두가 공감할 수 있는 홍보 전략을 수립하는 것이 중요하다.

고급업무에 생성형 AI 활용하기

엑셀, PPT, 프로그램, 포스터 작성 등 챗봇을 더 고급업무에 어떻게 활용하는지 알아봅니다.

06 _ 1 AI 챗봇으로 엑셀 다루기 – 빙챗(Copilot), ChatGTP 활용

엑셀의 경우 윈도우의 빙챗(Copilot)을 열어두고 사용하면서 모르는 부분을 바로바로 질문을 통해 답변 받은 후 적용하면 생산성이 높아집니다.

왼쪽편에는 엑셀을 오른쪽에는 빙챗(Copilot) 열어둡니다. 빙챗(Copilot) 은 화면의 공간을 많이 차지하지 않으므로 엑셀과 빙챗(Copilot)을 동시에 보면서 작업이 가능합니다. 엑셀로 작업을 하다 모르는 부분이 있으면 화면 전환없이 바로바로 물어보면서 답변을 얻고 적용할 수 있습니다.

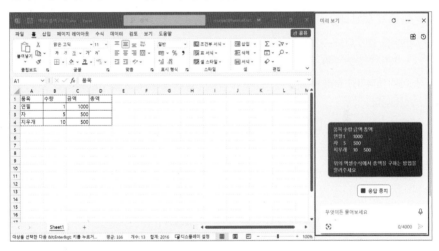

다음과 같은 엑셀파일에서 총액을 구하는 방법을 질문하였습니다. 엑셀부분을 복사한 다음 빙챗(Copilot) 에게 질문하였습니다.

빙챗(Copilot)의 답변입니다.

 챗봇 : 빙챗(Copilot)

질문:

품목	수량	금액	총액
연필	1	1000	
자	5	500	
지우개	10	500	

위의 엑셀수식에서 총액을 구하는 방법을 알려주세요

답변:

엑셀에서 총액을 계산하는 방법은 다음과 같습니다:

1. 먼저, 총액을 계산하려는 셀을 선택합니다. 예를 들어, 연필의 총액을 계산하려면 연필 행의 '총액' 열에 해당하는 셀을 선택합니다.

2. 선택한 셀에 다음 수식을 입력합니다: '=B2*C2'
   – 여기서 B2는 '수량' 열에 해당하는 셀이고, C2는 '금액' 열에 해당하는 셀입니다.

3. 이제 엔터키를 눌러 수식을 실행합니다. 이렇게 하면 '수량'과 '금액'이 곱해져 '총액'이 계산됩니다.

4. 이 수식을 다른 행의 '총액' 셀로 복사하고 붙여넣기를 하면, 각 품목의 총액을 쉽게 계산할 수 있습니다.

이 방법을 사용하면 각 품목의 총액을 쉽게 계산할 수 있습니다. 도움이 되었기를 바랍니다!

받은 답변을 바로 보면서 엑셀에 적용해 볼 수 있습니다.

ChatGPT를 사용하여도 총액을 구하는 결과를 얻을 수 있습니다.

대부분의 챗봇은 엑셀을 잘 알고 있어 해결 답안을 알려줍니다. 다만 빙챗 (Copilot)을 사용하면 화면전환 없이 사용이 가능합니다.

ChatGPT를 이용하여 이름의 중간을 *로 가리고 전화번호의 끝자리만 보여주는 방법을 질문하였습니다.

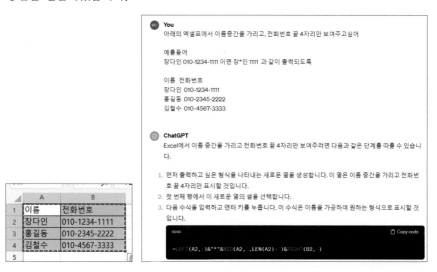

처음 답변의 결과 이름의 중간은 *로 가렸지만 이름의 마지막 글자가 출력되지 않았습니다.

결과가 어떻게 나왔는지 다시 알려주고 질문하였습니다.

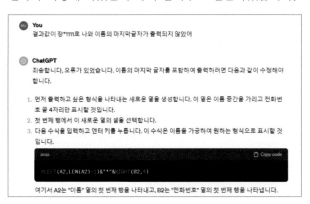

두 번째 결과는 마지막 글자가 *로 가려졌습니다. 원하는 결과가 나오지 않았습니다.

다시 결과를 알려주고 질문하였습니다.

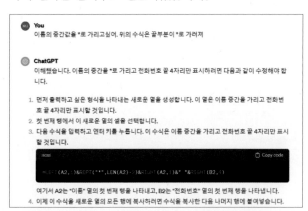

3번째 질문에서야 제대로 된 답변을 받을 수 있었습니다.

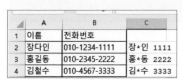

엑셀 등의 수식은 원하는 결과를 한 번에 알려주지 못하는 경우가 많습니다. 그럴 때는 잘못된 결과를 알려주어 다시 답변을 받아 수정해가면서 고치도록 합니다.

06 _ 2 AI 챗봇으로 파워포인트 만들기 - 클로바x 활용

챗봇을 이용하여 파워포인트의 내용을 생성하고 원하는 파워포인트를 완성하는 방법을 알아봅니다.

클로버x를 이용하여 여수에서 단체가 식사할만한 장소를 추천받았습니다. 네이버 여행의 스킬을 사용하여 네이버 여행의 정보를 바탕으로 답변받아 신뢰도가 매우 높습니다.

답변받은 내용을 바탕으로 파워포인트에 들어갈 내용으로 요약해 달라고 요청하였습니다. 파워포인트 형식으로 답변을 받았습니다.

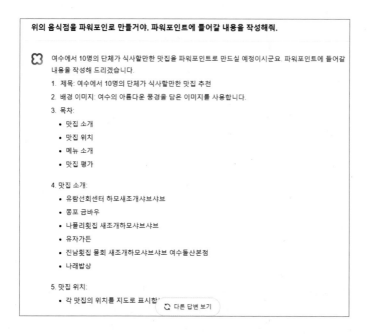

위의 음식점을 파워포인트로 만들거야. 파워포인트에 들어갈 내용을 작성해줘.

여수에서 10명의 단체가 식사할만한 맛집을 파워포인트로 만드실 예정이시군요. 파워포인트에 들어갈 내용을 작성해 드리겠습니다.

1. 제목: 여수에서 10명의 단체가 식사할만한 맛집 추천

2. 배경 이미지: 여수의 아름다운 풍경을 담은 이미지를 사용합니다.

3. 목차:
- 맛집 소개
- 맛집 위치
- 메뉴 소개
- 맛집 평가

4. 맛집 소개:
- 유람선회센터 하모새조개샤브샤브
- 쭝포 금바우
- 나폴리횟집 새조개하모샤브샤브
- 유자가든
- 진남횟집 물회 새조개하모샤브샤브 여수돌산본점
- 나래밥상

5. 맛집 위치:
- 각 맛집의 위치를 지도로 표시합'

↻ 다른 답변 보기

바로 파워포인트로 만들기에는 하나하나 페이지를 만들고 붙여넣어야 됩니다. 이 작업을 [워드]를 이용하면 쉽게 해결할 수 있습니다.

워드에서 [보기] -> [개요]를 클릭합니다.

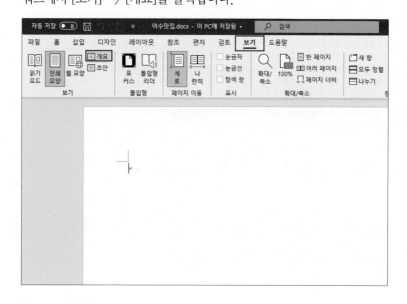

클로버x 챗봇을 통해 답변받았던 내용을 붙여넣습니다.

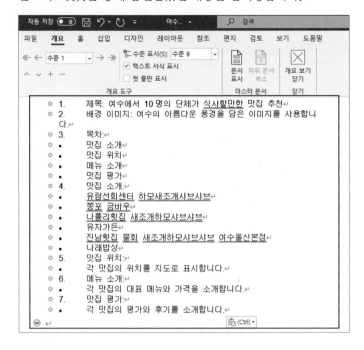

번호와 같은 불필요한 부분은 지워줍니다. 각 슬라이드의 제목은 [수준 1]로 변경

합니다.

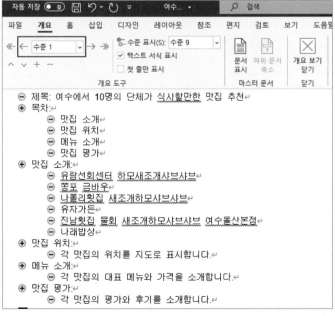

각 슬라이드의 내용 [수준 2]로 변경합니다. 변경을 모두 완료하였으면 저장한 다음 워드를 닫습니다. 저장하는 워드의 이름은 원하는 이름으로 저장합니다.

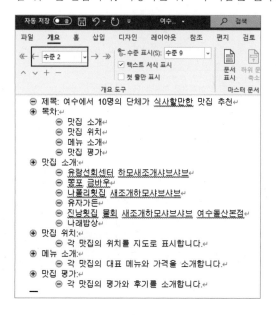

파워포인트에서 [삽입] → [슬라이드 개요]를 클릭하여 저장했던 워드 파일을 선택하여 열어줍니다.

다음과 같이 파워포인트의 슬라이드가 자동으로 생성되었습니다.

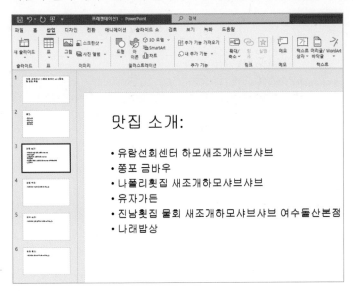

파워포인트의 디자인을 하기 위해서는 사용자가 일일이 디자인 작업을 해야 합니다. 물론 사용자가 디자인 작업을 하는 게 퀄리티가 좋으나 빠르게 해야 한다면 마이크로소프트의 웹 오피스에서 간단한 디자인을 무료로 빠르게 적용 가능합니다.

아래 마이크로소프트의 웹 오피스 사이트에 접속합니다. 마이크로소프트 계정으로 로그인한 후 사용할 수 있습니다.

• https://www.office.com/

웹 오피스는 워드, 파워포인트, 엑셀 등을 웹에서 무료로 사용할 수 있습니다.
파워포인트 부분을 클릭하여 파워포인트를 선택합니다.

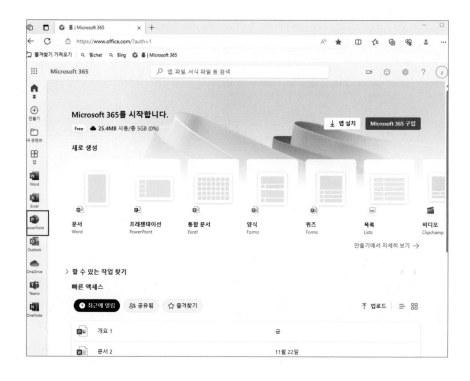

[업로드]하여 만든 PPT 파일을 업로드 합니다.

[디자인] 탭에서 [디자이너]를 클릭하면 무료로 사용할 수 있는 디자인을 보여 줍니다. 원하는 디자인을 클릭하면 디자인이 바로 적용됩니다. 모든 슬라이드가 한 번에 적용되지는 않아서 슬라이드마다 적용해줍니다. 무료 버전에서는 단순한 디자인만 가능합니다.

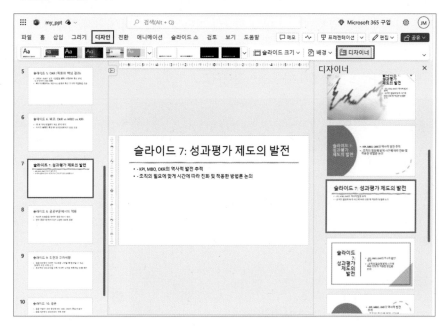

매우 간단하게 PPT를 만들었습니다. PPT를 만드는 [gamma AI] 서비스를 이용하면 이보다 더 간단하고 좋은 퀄리티로 PPT를 만들 수 있으나 유료로 사용해야 합니다. 무료로 챗봇을 이용하여도 PPT를 만들 수 있었습니다.

06 _ 3 AI 챗봇으로 파이썬(프로그램) 코딩하기 −
빙챗(Copilot) 활용

파이썬 코딩을 사용할 때는 VS Code등의 편집기를 많이 사용합니다. 프로그램을 모두 외워서 하는 경우는 많지 않고 필요한 기능을 그때그때 찾아서 합니다. 프로그램 역시 엑셀처럼 빙챗(Copilot)을 한편에 열어둔 다음 코드를 질문 하면서 프로그램을 작성하면 생산성이 매우 높아집니다.

구구단을 출력하는 함수를 요청하였습니다.

 챗봇 : 빙챗(Copilot)

질문:
숫자를 입력받아 구구단을 출력하는 파이썬 함수를 작성해줘.

답변:
네, 입력받은 숫자에 대한 구구단을 출력하는 파이썬 함수를 작성해드릴게요. 아래 코드를 참고해주세요.

...
```python
python
def print_multiplication_table(n):
    for i in range(1, 10):
        print(f"{n} x {i} = {n*i}")
```
예를 들어, 7단을 출력하려면 아래와 같이 호출합니다.

print_multiplication_table(7)

...

이 함수는 1부터 9까지의 숫자에 대해 입력받은 숫자 'n'과의 곱셈 결과를 출력합니다. 함수를 호출할 때 원하는 숫자를 인자로 전달하면 됩니다. 예를 들어, `print_multiplication_table(7)`을 호출하면 7단을 출력합니다.

빙챗(Copilot)의 답변으로 파이썬 코드를 파이썬 코드를 실행하였더니 잘 동작하였습니다.

파이썬 이외에도 C,C++, 자바 등 다양한 프로그램 언어를 잘합니다. 프로그램 작성 시 생산성을 높이길 바랍니다. 다만 회사의 중요 코드를 질문하면 코드가 서버에 남아서 유출될 수 있습니다. 삼성에서는 ChatGPT를 사용하면 퇴사 처리됩니다. (2023년 뉴스를 참고하였음) 회사에서 중요한 코드는 질문하지 않는 게 가장 좋습니다. 정 필요로 한다면 PC에서 설치해서 사용하는 챗봇을 설치하여 회사 내부에서만 사용하도록 합니다. 단 빙챗(Copilot)은 무제한으로 챗봇을 사용할 수는 없으므로 사용양에 주의하여 사용합니다.

06 _ 4 AI 챗봇으로 4컷 만화 만들기 – ChatGTP, DALLE, 쿼튼 활용

코딩을 배워야 하는 주제로 4컷 만화를 만들어봅니다.

> **챗봇 : ChatGPT**
> **모델 : DALLE**

질문:
코딩을 배워야하는 이유로 4컷 만화를 만들거야. 스토리를 작성해줘

답변:
물론이죠. 코딩을 배워야 하는 이유를 담은 4컷 만화의 스토리를 만들어 드리겠습니다.

제목: "코딩의 힘"

1컷: 일상의 문제 상황
– **장면**: 학생이 과제를 수작업으로 처리하고 있으며, 이로 인해 시간이 많이 걸리고 피곤해 보입니다.
– **대사**: "이 과제를 끝내려면 온종일 걸릴 거 같아..."

2컷: 코딩의 소개
– **장면**: 친구가 학생에게 코딩을 소개합니다. 친구는 노트북을 들고 흥미로운 코딩 프로젝트를 보여주며 학생을 설득합니다.
– **대사**: "코딩을 배우면 이런 작업도 빠르게 할 수 있어! 나도 처음에는 어려웠지만, 지금은 엄청 도움이 돼."

3컷: 코딩 학습과 성장
– **장면**: 학생이 코딩을 배우기 시작합니다. 처음에는 어려워하면서도 점차 개선되는 모습을 보입니다. 컴퓨터 화면에는 코딩 튜토리얼이 보입니다.
– **대사**: "이게 정말 가능할까?...오, 이제 조금씩 이해가 가기 시작했어!"

4컷: 코딩으로 문제 해결
– **장면**: 이전에 과제로 고생하던 학생이 이제 코딩을 통해 효율적으로 문제를 해결합니다. 노트북 화면에는 작동하는 코드와 그 결과가 보입니다.
– **대사**: "와, 코딩 덕분에 과제를 훨씬 빨리 끝낼 수 있었어! 이제 코딩 없이는 못 살겠어."

이 4컷 만화는 코딩의 필요성과 그 학습 과정에서 겪는 어려움과 성취를 보여줍니다. 코딩이 일상생활에서 어떻게 유용한 도구가 될 수 있는지를 강조합니다.

위의 내용으로 4컷 만화를 그려줘.

여기 코딩을 배워야 하는 이유를 설명하는 4컷 만화가 있습니다. 만화를 살펴보시고 코딩의
중요성을 느껴보세요!

ChatGPT의 DALLE의 경우 유료 사용자만 사용할 수 있는 기능입니다. 무료로 그림을 생성할 수 있는 뤼튼을 사용해서 4컷 만화를 그려봅니다.

:wrtn 챗봇 : 뤼튼
모델 : GPT-3.5

질문:
코딩을 배워야하는 이유로 4컷 만화를 만들거야. 스토리를 작성해줘

답변:
당신이 코딩을 배워야 하는 이유를 4컷 만화로 만들어 보시겠다고 하셨군요! 좋은 아이디어네요.

여기 제가 작성한 스토리입니다:

1컷:
캐릭터 A: "와! 이번 주제로 코딩을 배워보자!"
캐릭터 B: "왜 그래? 코딩이 어떤 도움이 될까?"

2컷:
캐릭터 A: "코딩을 배우면 문제 해결 능력이 향상돼!"
캐릭터 B: "정말? 그럼 어떤 문제를 해결할 수 있을까?"

3컷:
캐릭터 A: "예를 들어, 웹 개발을 배우면 나만의 웹사이트를 만들 수 있어!"
캐릭터 B: "와! 그러면 나도 내 아이디어를 실현할 수 있겠네!"

4컷:
캐릭터 A: "맞아! 코딩은 창의력을 키우고 미래의 일자리에 도움이 되기도 해!"
캐릭터 B: "그렇구나! 그럼 나도 코딩을 배워봐야겠어!"

이렇게요! 이 4컷 만화로 코딩을 배워야 하는 이유를 재미있게 표현할 수 있을 것 같습니다. 계속해서 다른 도움이 필요하시면 말씀해주세요!

질문:
1컷:
캐릭터 A: "와! 이번 주제로 코딩을 배워보자!"
캐릭터 B: "왜 그래? 코딩이 어떤 도움이 될까?"
1컷의 내용으로 만화를 그려줘

답변:

이미지를 다음과 같이 그려봤어요!

질문:

2컷:

캐릭터 A: "코딩을 배우면 문제 해결 능력이 향상돼!"

캐릭터 B: "정말? 그럼 어떤 문제를 해결할 수 있을까?"

2컷의 내용으로 만화를 그려줘

답변:

이미지를 다음과 같이 그려봤어요!

질문:

3컷:

캐릭터 A: "예를 들어, 웹 개발을 배우면 나만의 웹사이트를 만들 수 있어!"

캐릭터 B: "와! 그러면 나도 내 아이디어를 실현할 수 있겠네!"

위의 내용으로 만화를 그려줘

이미지를 다음과 같이 그려봤어요!

질문:

4컷:

캐릭터 A: "맞아! 코딩은 창의력을 키우고 미래의 일자리에 도움이 되기도 해!"

캐릭터 B: "그렇구나! 그럼 나도 코딩을 배워봐야겠어!"

위의 내용으로 만화를 그려줘

답변:

이미지를 다음과 같이 그려봤어요!

06 _ 5 생성형 AI로 홍보용 포스터 만들기

ChatGPT의 DALLE를 사용하여 여수를 홍보하는 포스터를 그려봅니다.

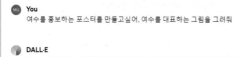

다음과 같이 포스터가 잘 그려졌습니다. 인공지능으로 생성된 그림은 얼핏 보기에 는 괜찮아 보이지만 자세하게 보면 뭔가 잘 어울리지 않는 것들이 있습니다. 이러 한 부분은 사람이 수정하여 사용하여야 합니다. 또는 포스터의 컨셉만을 잡는 용 도로 사용합니다.

ChatGPT로 그림을 그리기 위해서는 유료 사용자만 가능합니다. 무료로 사용이 가능한 뤼튼을 사용하여 그림을 생성하였습니다. 뤼튼은 문맥의 이해로 그림을 그리는 능력은 아직 부족해 보입니다.

조금 더 구체적인 사진을 만들기 위해 그림에 대한 아이디어 질문을 통해 답변받았습니다.

⁝wrtn 챗봇 : 뤼튼

질문:
여수를 홍보하는 포스터를 만들고 싶어. 어떤 그림이 들어가면 좋을까?

답변:
여수를 홍보하는 포스터를 만드는 것은 흥미로운 과제입니다! 여수의 아름다움과 매력을 잘 전달할 수 있는 그림을 선택하는 것이 중요합니다. 여수의 대표적인 명소와 특색을 고려하여 몇 가지 제안을 드리겠습니다.

1. 순천만 해안 도로: 여수의 대표적인 관광 명소인 순천만 해안 도로는 아름다운 해안 풍경과 자전거 도로로 유명합니다. 이곳의 경치와 자전거를 탄 사람들의 모습을 그린 그림은 여수의 자연과 레저 문화를 강조할 수 있습니다.

2. 거북선: 여수를 대표하는 거북선은 한국 전통 선박 중 하나로, 여수의 해상 문화와 역사적인 면모를 상징합니다. 거북선을 장식한 그림은 여수의 해양 관광과 전통 문화를 강조할 수 있습니다.

3. 여수 밤바다: 여수의 야경은 매우 아름답고 로맨틱한 분위기를 자아냅니다. 밤에 빛나는 여수의 도시 경관과 밤바다를 그린 그림은 여수의 낭만적인 분위기와 도시 문화를 전달할 수 있습니다.4. 향일암: 여수의 대표적인 사찰인 향일암은 아름다운 자연 환경 속에 위치해 있습니다. 향일암의 경치와 사찰의 아름다움을 그린 그림은 자연 속에서의 평화와 여수의 문화적인 면모를 강조할 수 있습니다.

이러한 그림 중 어떤 것이 가장 여수의 매력을 잘 전달할 수 있을지는 여수의 이미지와 목적 그리고 여행객을 대상으로 한다면 그들의 관심을 끌 수 있는 그림을 선택하는 것이 좋습니다. 포스터에 사용될 그림은 여수의 매력을 느낄 수 있도록 신중하게 선택해 주세요.

여수의 돌산대교를 야경으로 그린 그림이 생성되었습니다.

그림 생성시에는 그림에 들어가는 내용을 조금 더 구체적으로 작성하는 게 좋습니다.

창작 분야에 생성형 AI 활용하기

글쓰기, 음악생성, 이미지생성 등 다양한 창작 분야를 챗봇을 이용하여 활용하는지 알아봅니다.

07 _ 1 스토리가 있는 SF/판타지 단편소설 만들기
– 챗GPT, 바드, 뤼튼 활용

ChatGPT에 한글로 질문을 해서 SF/판타지에 관한 단편소설의 스토리를 요청하였습니다.

챗봇 : ChatGPT
모델 : GPT-3.5

질문:
SF/판타지에 관한 단편소설을 쓰고 싶어. 스토리를 작성해줘.

답변:
물론, SF/판타지에 관한 단편소설을 하나 작성해 드리겠습니다. 이 소설의 제목은 "별의 눈물"입니다.

――

한때 아름다운 별들로 가득한 하늘에 빛나던 행성 "스텔라"는 오랜 전쟁으로 인해 죽은 듯한 어두운 하늘 아래로 떨어졌다. 스텔라의 사람들은 별의 빛과 미래를 잃고, 희망마저 잃어버린 것 같았다.

그러던 어느 날, 스텔라의 아이들은 신비로운 일이 일어나기 시작했다. 각자가 잠든 밤, 꿈속에서 별들의 눈물을 받았다. 이 눈물은 스텔라의 빛과 생명력을 되찾기 위한 열쇠였다.

스텔라의 아이들은 이 꿈을 공유하며 미지의 별로 향하기로 결심했다. 그들은 모두 다른 능력과 특기를 가졌지만, 모두 같은 목표를 향해 나아갔다. 그들의 모험은 스텔라의 희망을 되찾기 위한 위대한 여정이었다.

첫 번째 여행자인 리나는 불꽃의 힘을 가졌다. 그녀는 화산의 땅으로 향해 화산의 눈물을 찾았다. 불길한 화산과 함께 싸움을 펼치면서 그녀는 화산의 눈물을 손에 넣었고, 스텔라의 빛을 되찾았다.

두 번째 여행자인 아이덴은 바다의 푸른 힘을 가졌다. 그는 깊은 바다로 다녀와 해저의 보물을 찾았다. 크고 위험한 해물과 싸우며, 아이덴은 바다의 눈물을 획득했고, 스텔라의 빛을 되찾았다.

세 번째 여행자인 셀리나는 자연의 힘을 가졌다. 그녀는 숲으로 향해 숲의 눈물을 찾았다. 숲 속에서 산림을 지키는 정령들과 대화하면서, 셀리나는 숲의 눈물을 손에 넣었고, 스텔라의 빛을 되찾았다.

마지막 여행자인 다린은 바람의 힘을 가졌다. 그는 하늘을 나는 비행선을 이용해 바람의 눈물을 찾아 여행했다. 바람과 공중 몬스터와의 공방을 통해 다린은 바람의 눈물을 손에 넣었고, 스텔라의 빛을 되찾았다.

스텔라의 아이들은 각자의 여정을 마치고 스텔라로 돌아왔다. 그들이 모은 별의 눈물을 함께 모아 스텔라의 하늘을 밝히자, 행성은 다시 빛나기 시작했다. 이제 스텔라의 사람들은 희망을 되찾았고, 더 나은 미래를 향해 함께 나아갈 준비가 되어 있었다.──

이것은 "별의 눈물"이라는 SF/판타지 단편소설의 한 스토리 아이디어입니다. 여기에 더 많은 상세 내용과 캐릭터 개발을 추가하여 길게 펼칠 수 있습니다. 이야기의 주제와 메시지를 더 강조하고, 각 여행자의 개별 여정을 더욱 풍부하게 다룰 수 있을 것입니다.

이번에는 [프롬프트 지니] 확장 프로그램을 이용하여 영어로 번역한 다음 질문을 하였습니다.

영어로 질문을 하였을 때 한글보다 답변의 길이가 더 길게 답변하는 것을 확인할 수 있습니다.

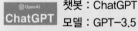 챗봇 : ChatGPT
모델 : GPT-3.5
프롬프트 지니를 이용하여 영어로 질문

질문:
SF/판타지에 관한 단편소설을 쓰고 싶어. 스토리를 작성해줘.

번역결과
I want to write a short story about science fiction/fantasy. Please write a story.

답변:
Title: "The Portal Keeper's Dilemma"

In a world where magic and science coexisted, a humble librarian named Elara had a secret. She was the last of the Portal Keepers, a revered group of individuals responsible for safeguarding the ancient portals that connected their realm to countless others.

The portals were the backbone of their society, enabling the exchange of knowledge, resources, and even friendships with beings from distant dimensions. But they also posed a great risk, as they could be exploited by those with ill intentions.

Elara's library housed a hidden gateway to one of the most enigmatic realms known as the Ethereal Nexus. Its shimmering, ever-changing landscapes held secrets beyond imagination, attracting scholars, explorers, and treasure hunters alike. Only Elara knew how to control this portal, keeping it hidden from the world.

One fateful evening, as Elara was cataloging books by candlelight, a mysterious visitor arrived. Dressed in a robe woven from the threads of time, the stranger introduced themselves as Seraphin. They claimed to be a traveler of dimensions, seeking knowledge from every corner of existence.

Seraphin's arrival raised Elara's suspicions. She had heard rumors of rogue scholars who would stop at nothing to harness the power of the portals for their own gain. Could Seraphin be one of them? Elara decided to put their intentions to the test.

She offered to share some of the library's most closely guarded secrets. However, these secrets were hidden within the most dangerous books, filled with forbidden spells and dark incantations. Elara knew that if Seraphin's intentions were malevolent, these spells could be used against her.

To her surprise, Seraphin declined the offer, explaining that their quest was for knowledge, not power. They shared stories of their journeys through realms of fire and ice, worlds where gravity flowed like water, and places where time itself was but a wisp of smoke. Elara found herself captivated by Seraphin's tales and began to trust them.

As days turned into weeks, Elara and Seraphin became close friends, exploring the mysteries of the Ethereal Nexus together. They uncovered forgotten civilizations, witnessed stars being born and dying in an instant, and encountered beings made of pure energy. It was a journey that transcended both science and magic.

However, as their bond grew stronger, Elara faced a dilemma. Should she reveal her true identity as the Portal Keeper and share the knowledge of the hidden gateway with Seraphin? The choice weighed heavily on her heart, for she had grown to care for this traveler who sought only to expand their understanding of the universe.

One fateful night, under a sky filled with alien constellations, Elara made her decision. She led Seraphin to the hidden portal, explaining her role as the last Portal Keeper and the importance of safeguarding it. With a heavy heart, she entrusted the portal's control to Seraphin, believing that their friendship and noble intentions would ensure its protection.

As Seraphin stepped through the portal to explore the Ethereal Nexus, Elara watched with a mixture of hope and trepidation. She had taken a leap of faith, believing that sometimes, even in a world where magic and science coexisted, trust in the goodness of others was the most powerful force of all.

And so, the librarian and the traveler continued their adventures, bound by a friendship that transcended dimensions, ensuring that the portals between their worlds remained a bridge to knowledge, not a path to destruction.

번역결과

제목: "포털 키퍼의 딜레마"

마법과 과학이 공존하는 세상에서 엘라라라는 겸손한 사서에게는 비밀이 있었습니다. 그녀는 자신의 영역과 수많은 다른 영역을 연결하는 고대 포털을 보호하는 책임을 맡은 존경받는 개인 그룹인 포털 키퍼(Portal Keepers) 중 마지막 사람이었습니다.

포털은 사회의 중추였으며 먼 차원의 존재들과 지식, 자원, 심지어 우정까지 교환할 수 있었습니다. 그러나 나쁜 의도를 가진 사람들이 이를 악용할 수 있다는 점에서 큰 위험도 내포하고 있습니다.

Elara의 도서관에는 Ethereal Nexus로 알려진 가장 수수께끼의 영역 중 하나로 통하는 숨겨진 관문이 있습니다. 반짝거리고 끊임없이 변화하는 풍경에는 상상을 초월하는 비밀이 담겨 있어 학자, 탐험가, 보물 사냥꾼 모두의 관심을 끌었습니다. 오직 엘라라만이 이 포털을 제어하고 세상으로부터 숨겨지는 방법을 알고 있었습니다.

어느 운명적인 저녁, 엘라라가 촛불을 켜고 책 목록을 작성하고 있을 때, 신비한 방문객이 도착했습니다. 시간의 실로 엮은 로브를 입은 이 낯선 사람은 자신을 세라핀이라고 소개했습니다. 그들은 존재의 모든 구석구석에서 지식을 추구하는 차원의 여행자라고 주장했습니다.

세라핀의 도착은 엘라라의 의심을 불러일으켰습니다. 그녀는 자신의 이익을 위해 포털의 힘을 활용하기 위해 무슨 일이든 멈추지 않는 불량 학자들에 대한 소문을 들었습니다. 세라핀도 그들 중 하나일까요? Elara는 그들의 의도를 시험해 보기로 결정했습니다.

그녀는 도서관에서 가장 철저하게 보호되는 비밀 중 일부를 공유하겠다고 제안했습니다. 그러나 이러한 비밀은 금지된 주문과 어두운 주문으로 가득 찬 가장 위험한 책 속에 숨겨져 있었습니다. 엘라라는 세라핀의 의도가 악의적이라면 이 주문이 자신에게 불리하게 사용될 수 있다는 것을 알고 있었습니다.

놀랍게도 세라핀은 그들의 탐구는 권력이 아니라 지식을 위한 것이라고 설명하면서 제안을 거절했습니다. 그들은 불과 얼음의 영역, 중력이 물처럼 흐르는 세계, 시간 자체가 한 줄기 연기에 불과한 곳을 통과하는 여정에 대한 이야기를 공유했습니다. Elara는 Seraphin의 이야기에 매료되어 그것을 신뢰하기 시작했습니다.

며칠이 지나고 몇 주가 지나자 Elara와 Seraphin은 친한 친구가 되어 함께 Ethereal Nexus 의 미스터리를 탐구했습니다. 그들은 잊혀진 문명을 발견하고, 별이 태어나고 죽는 순간을 목격하고, 순수한 에너지로 이루어진 존재들을 만났습니다. 과학과 마법을 모두 뛰어넘는 여행이었습니다.

하지만 둘의 유대감이 더욱 강해지면서 엘라라는 딜레마에 빠졌다. 그녀는 Portal Keeper로 서 자신의 정체를 밝히고 숨겨진 관문에 대한 지식을 세라핀과 공유해야 할까요? 그 선택 은 그녀의 마음을 무겁게 짓눌렀습니다. 왜냐하면 그녀는 우주에 대한 이해를 넓히려는 이 여행자를 돌볼 만큼 성장했기 때문입니다.

어느 운명적인 밤, 외계 별자리로 가득 찬 하늘 아래 엘라라는 결정을 내렸습니다. 그녀는 세라핀을 숨겨진 포털로 데려가 마지막 포털 키퍼로서의 역할과 이를 보호하는 것의 중요 성을 설명했습니다. 그녀는 무거운 마음으로 포털의 통제권을 세라핀에게 맡겼고, 그들의 우정과 고귀한 의도가 포털을 보호할 것이라고 믿었습니다.

세라핀이 에테리얼 넥서스(Ethereal Nexus)를 탐험하기 위해 포털을 통과하는 동안 엘라라는 희망과 전율이 뒤섞인 마음으로 지켜보았습니다. 때로는 마법과 과학이 공존하는 세상에서도 타인의 선함에 대한 신뢰가 가장 강력한 힘이라고 믿으며 그녀는 믿음의 도약을 했습니다.

그리하여 사서와 여행자는 차원을 초월한 우정으로 묶여 모험을 계속했고, 두 세계 사이의 문이 지식의 다리로 남게 되었습니다.

창작부분에서는 영어로 된 자료가 많다 보니 영어로 질문하고 답변을 받으면 좋습니 다. 영어로 자연스럽게 쓰기 어렵다 보니 크롬 확장 프로그램인 프롬프트 지니의 도 움을 받아 자동으로 번역 후 질문하고 답변 역시 번역하여 받아 들이면 좋습니다. 바드를 이용하면 제목, 등장인물, 줄거리 등의 아이디어를 체계적으로 얻을 수 있 습니다.

G Bard 챗봇 : 바드

질문:
SF/판타지에 관한 단편소설을 쓰고 싶어. 스토리를 작성해줘.

답변:
알겠습니다. 다음은 SF/판타지에 관한 단편소설의 스토리입니다.

제목: 꿈꾸는 소년

등장인물:
* 주인공: 민수, 10세, 초등학교 5학년, 공상과학과 판타지를 좋아하는 소년
* 외계인: 삐삐, 우주에서 온 외계인, 민수를 돕기 위해 지구에 온다

줄거리:

민수는 공상과학과 판타지를 좋아하는 소년이다. 그는 매일 밤 꿈을 꾸는데, 그 꿈속에서는 우주를 여행하고, 마법을 쓰고, 신비로운 동물을 만난다. 민수는 그 꿈이 너무나 좋아서, 하루빨리 꿈속의 세계로 가고 싶어 한다.

어느 날, 민수는 꿈속에서 우연히 외계인을 만난다. 외계인은 자신을 삐삐라고 소개하고, 민수를 꿈속의 세계로 데려가겠다고 말한다. 민수는 기뻐하며 삐삐의 따라간다. 삐삐는 민수를 꿈속의 세계로 데려가고, 민수는 그곳에서 다양한 경험을 한다. 그는 우주선을 타고 우주를 여행하고, 마법을 배워 마법을 쓰고, 신비로운 동물들을 만난다. 민수는 꿈속의 세계에서 행복한 시간을 보낸다.

그러나 어느 날, 민수는 꿈속의 세계에서 삐삐와 헤어진다. 삐삐는 민수에게 다음에 다시 만나자고 말하고, 사라진다. 민수는 삐삐와 헤어진 것을 슬퍼하지만, 꿈속의 세계에서의 경험을 잊지 않고 살아간다.

결말:

민수는 커서 과학자가 된다. 그는 우주를 탐험하고, 마법을 연구하고, 신비로운 동물들을 찾는 일을 한다. 민수는 꿈속의 세계에서의 경험을 바탕으로, 인류가 꿈꾸는 미래를 만들어간다.
이 스토리는 SF와 판타지의 요소를 결합한 단편소설입니다. 주인공 민수는 공상과학과 판타지를 좋아하는 소년으로, 꿈속에서 우주를 여행하고, 마법을 쓰고, 신비로운 동물을 만난다. 이 경험은 민수에게 큰 영향을 미치고, 그가 과학자가 되어 인류가 꿈꾸는 미래를 만들어가는 계기가 됩니다.

이 스토리의 주제는 "꿈은 이루어진다"입니다. 민수는 꿈속의 세계에서 다양한 경험을 하며, 그 경험을 바탕으로 꿈꾸던 미래를 만들어갑니다. 이 스토리를 통해 독자들은 꿈을 꾸는 것이 얼마나 중요한지, 그리고 꿈을 이루기 위해 노력하는 것이 얼마나 가치 있는지를 생각해 볼 수 있을 것입니다.

이 스토리는 다음과 같은 방식으로 발전시킬 수 있습니다.

* 민수와 삐삐의 관계를 더 발전시킬 수 있습니다. 두 사람은 단순히 꿈속에서 만난 사이가 아니라, 진정한 친구가 될 수 있습니다.

* 민수가 꿈속의 세계에서 겪는 사건들을 더 다양하게 만들 수 있습니다. 민수는 우주를 여행하는 것 외에도, 다른 행성을 탐험하거나, 다른 외계인들과 만나는 등의 경험을 할 수 있습니다.

* 민수가 꿈속의 세계에서 얻은 경험을 현실 세계에서 어떻게 활용하는지 보여줄 수 있습니다. 민수는 꿈속에서 얻은 지식과 기술을 바탕으로, 인류가 꿈꾸는 미래를 만들어갈 수 있습니다.

이러한 방식으로 스토리를 발전시킨다면, 더욱 재미있고 감동적인 스토리가 될 것입니다.

바드의 경우 답변이 3개가 동시에 나오기 때문에 글쓰기 아이디어를 얻을 때 다양한 아이디어를 빠르게 얻을 수 있습니다.

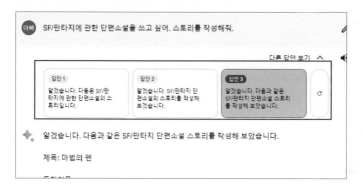

뤼튼의 [프롬프트 허브] 탭에서 [글쓰기]를 보면 다양한 글쓰기의 프롬프트를 손쉽게 얻을 수 있습니다.

그림책쓰기 프롬프트를 적용하여 주인공의 이름 성격 등을 변경하여 질문하였습니다.

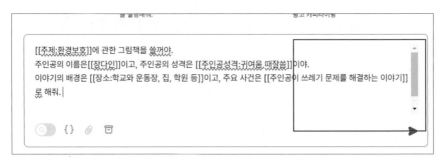

그림책에 들어갈 내용을 작성해주었습니다.

[[주제:환경보호]]에 관한 그림책을 쓸꺼야.
주인공의 이름은[[장다인]]이고, 주인공의 성격은 [[주인공성격:귀여움,때잘씀]]이야.

이야기의 배경은 [[장소:학교와 운동장, 집, 학원 등]]이고, 주요 사건은 [[주인공이 쓰레기 문제를 해결하는 이야기]]로 해줘.
그림책은 [[페이지수:4장]]장으로 만들 수 있게 스토리를 구상하고 스토리에 맞는 이미지 프롬프트도 만들어줘.

munjjac의 어시스턴트 GPT-3.5

당신이 원하는 주제인 "환경보호"에 관한 그림책을 작성해드리겠습니다. 주인공의 이름은 "장다인"이며, 주인공은 귀여움과 때를 잘 쓰는 성격을 가지고 있습니다. 이야기의 배경은 학교와 운동장, 집, 학원 등으로 설정하고, 주요 사건은 주인공이 쓰레기 문제를 해결하는 이야기로 진행하겠습니다.

스토리를 구성하기 위해 4장으로 구성된 그림책을 만들어드리겠습니다. 다음은 스토리에 맞는 이미지 프롬프트입니다:

1장: 장다인이 학교에서 수업을 듣고 있는 모습을 그려주세요. 주변에는 쓰레기통이 배치되어 있고, 주인공이 깨끗한 환경을 사랑하는 것을 알 수 있도록 표현해주세요.

2장: 장다인이 집에 돌아와서 쓰레기를 분리수거하는 모습을 그려주세요. 주인공이 재활용과 일반 쓰레기를 구분하고, 쓰레기를 제대로 버리는 모습을 보여주세요.

3장: 장다인이 학원에 가는 길에 쓰레기를 주울 때의 모습을 그려주세요. 주인공이 주변을 깨끗하게 정리하면서 다른 사람들에게도 환경 보호의 중요성을 알리는 장면을 표현해주세요.

4장: 장다인이 운동장에서 친구들과 함께 쓰레기를 모아 청소하는 모습을 그려주세요. 주인공이 다른 사람들을 동참시키며 함께 환경을 보호하는 모습을 나타내주세요.

이렇게 스토리에 맞는 이미지 프롬프트를 제공해드렸습니다. 이를 활용하여 "환경보호"를 주제로 한 그림책을 작성하시면 됩니다. 재료가 추가로 필요하거나 다른 도움이 필요하신 경우 언제든지 말씀해주세요.

↻ 다시 생성   ⅀ 공유

07 _ 2 음악 생성하기 – ChatGTP, 음악 편집기 활용

ChatGPT와 편집기로 음악을 생성해보겠습니다.

ChatGPT	챗봇 : ChatGPT
	모델 : GPT-3.5

질문:
커피숍에서 하루종일 들을만한 음악을 ABC 표기법으로 작성해줘

답변:
물론, 커피숍에서 들을 수 있는 하루종일 듣기 좋은 음악을 몇 가지 예시로 ABC 표기법으로 작성해 드리겠습니다. ABC 표기법은 음악 악보를 간단하게 표현하는 방법 중 하나입니다.

1. "Yesterday" by The Beatles
```
'''

X:1
T:Yesterday
C:John Lennon, Paul McCartney
M:4/4
L:1/4
K:C
E2 G2 | A2 G2 F2 E2 | D4 E2 | F4 F2 | E4 D2 | C2 C2 G2 | A4 G2 | F4 E2 | D4 D2 | G4
G2 | A2 G2 F2 E2 | D4 E2 | F4 F2 | E4 D2 | C2 C2 G2 | A4 G2 | F4 E2 | D4 C2 | C4
'''
```

2. "Fly Me to the Moon" by Frank Sinatra
```
'''

X:1
T:Fly Me to the Moon
C:Bart Howard
M:4/4
L:1/4
K:C
C2 D2 E2 F2 | G2 A2 G2 F2 | E2 D2 C4 | G2 G2 G4 | C2 D2 E2 F2 | G2 A2 G2 F2 | E2
D2 C4 | G2 F2 E4 | A4 G2 F2 | E4 E4 | C2 D2 E2 F2 | G2 A2 G2 F2 | E2 D2 C4 | G2
G2 G4 | C2 D2 E2 F2 | G2 A2 G2 F2 | E2 D2 C4 | G2 F2 E4 | C4
'''
```

3. "Smooth Operator" by Sade
```
'''

X:1
T:Smooth Operator
C:Sade Adu, Ray St. John
M:4/4
L:1/8
K:Am
E2 | A3 A B3 A | G3 F G4 | A3 A B3 A | G3 F E4 | A3 A B3 A | G3 F G4 | A3 A B3 A
| G3 F E4 | E3 F G3 F | A3 G F4 | E3 F G3 F | A3 G F4 | E3 F G3 F | A3 G F4 | A3 A
B3 A | G3 F E4
'''
```

이것은 몇 가지 인기 있는 노래의 일부를 ABC 표기법으로 표현한 것입니다. 더 많은 노래의 악보를 찾아보거나, 원하는 노래의 악보를 직접 만들어서 커피숍에서 플레이하실 수 있을 것입니다.

생성된 악보에서 [Copy code]를 클릭하면 악보를 복사할 수 있습니다.

1. "Yesterday" by The Beatles

```makefile
X:1
T:Yesterday
C:John Lennon, Paul McCartney
M:4/4
L:1/4
K:C
E2 G2 | A2 G2 F2 E2 | D4 E2 | F4 F2 | E4 D2 | C2 C2 G2 | A4
```

ABC 음악 표기법은 아래의 사이트에서 악보를 입력 후 재생이 가능합니다.

- http://www.tradtunedb.org.uk/#/editor

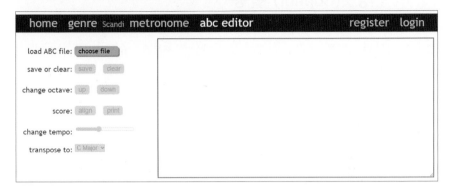

ABC 표기법으로 작성된 악보를 붙여넣은 다음 재생을 누르면 음악의 재생이 가능합니다.

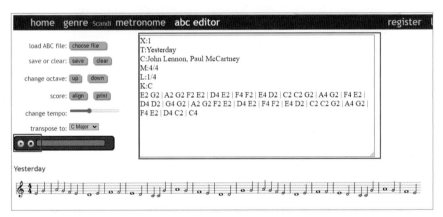

07 _ 3 그림 생성하기 – 챗GPT, DALLE, 퀴튼, 빙챗(Copilot) 활용

그림을 생성해 보도록 합니다. 그림이 생성 가능한 챗봇은 ChatGPT의 DALLE(유료 버전), 뤼튼(무료), 빙챗(Copilot)(사용 제한 있음)입니다. 3개의 서비스를 활용하여 그림을 생성해보도록 합니다.

아래의 프롬프트를 이용하여 그림을 생성하였습니다.

"경재가 성장하는 이미지를 그려줘. 차트나 주식이 올라가고 사람들이 행복해 하는 모습이 보이면 좋겠어"

빙챗(Copilot)으로 생성하였습니다. DALLE3를 사용했다고 나옵니다. 실제 결과물의 퀄리티가 가장 좋습니다. 사용량의 제한만 없다면 주력으로 사용해도 좋습니다.

뤼튼입니다. 뤼튼의 경우 그림 생성시에 추상적인 질문보다는 그림을 묘사하는 구체적인 질문이 그림의 결과가 좋습니다.

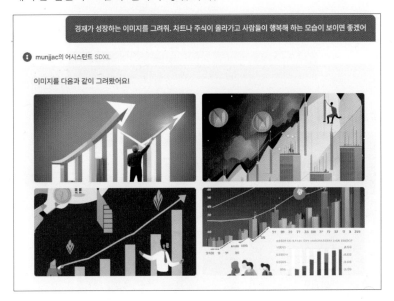

ChatGPT의 DALLE 사용(유료 버전)입니다. DALLE를 사용하였지만 빙챗(Copilot)에서 사용한 DALLE3 버전과는 다른 버전으로 보입니다.

이번에는 아래의 프롬프트로 그림을 그려보았습니다.

"해바라기, 초록색사과, 황금색나무가 조화롭게 어울린 그림을 고흐풍으로 그려줘"

뤼튼입니다. 추상적인 질문인지 모든 요소가 들어가 있지 않습니다.

ChatGPT의 DALLE 사용(유료 버전)입니다.

빙챗(Copilot)의 경우 프롬프트를 잘 이해하고 그림을 생성하였습니다.

챗봇을 이용하여 그림을 그리는 방법은 2023년 11월 기준 서비스를 하는 챗봇은 ChatGPT의 DALLE(유료 버전), 뤼튼(무료), 빙챗(Copilot)(사용 제한 있음)의 3가지입니다. 다양한 방법으로 실행해본 결과 빙챗(Copilot)의 결과가 가장 좋았습니다. 물론 그림의 경우 필자의 주관적인 평가이나 프롬프트의 이해도를 충실하게 이행한 것은 빙챗(Copilot) 이었습니다.

그림을 주로 생성한다면 Stable Diffusion을 PC에 설치하여 사용하면 동일한 그림체를 다양하게 생성할 수 있습니다. 챗봇을 사용하여 그림을 생성하는 이유는 정밀한 그림보다는 PPT 등에 이해를 높이기 위한 그림이나 디자인의 방향성을 보는 경우로 사용하면 좋습니다.

07 _ 4 유튜브 대본 만들기 – 쿼튼, ChatGTP 활용

유튜브 영상 대본 작성을 챗봇에게 요청하였습니다. 유튜브 영상과 같은 회사가 운영하는 유튜브 채널의 목적에 맞는 영상 대본을 구글 바드를 이용하여 질문을 하였습니다. 바드의 경우 유튜브의 검색도 가능합니다.

대본을 잘 작성해주었습니다.

G Bard 챗봇 : 바드

질문:
7살 어린이가 장난감을 가지고 노는 유튜브를 찍을거야. 대본을 작성해줘

답변:
장면 1
(7살 어린이, 이름은 지호)가 방에 들어와 장난감 상자를 본다.
지호: (흥분된 목소리로) 장난감!
지호는 장난감 상자를 열고 다양한 장난감을 꺼낸다.
지호: (장난감을 하나하나 살펴보며) 자동차, 인형, 공, 블록...
지호는 장난감을 가지고 노는 법을 생각한다.
지호: (혼잣말로) 자동차는 어떻게 굴려야지? 인형은 어떻게 옷을 입혀야지? 공은 어떻게 차야지? 블록은 어떻게 쌓아야지?
지호는 장난감을 가지고 노는 방법을 생각하며 즐거워한다.

장면 2
지호는 자동차를 가지고 노는 법을 생각해낸다.
지호: (자동차를 굴리며) 자동차가 쌩쌩 달려요!
지호는 자동차를 방 안을 굴려 다니며 즐거워한다.

장면 3
지호는 인형을 가지고 노는 법을 생각해낸다.
지호: (인형을 안으며) 인형아, 예쁘다.
지호는 인형에게 옷을 입히고, 머리를 빗겨주고, 같이 놀아준다.

장면 4

지호는 공을 가지고 노는 법을 생각해낸다.

지호: (공을 차며) 공이 하늘로 날아요!

지호는 공을 차고, 잡고, 던지며 즐거워한다.

장면 5

지호는 블록을 가지고 노는 법을 생각해낸다.

지호: (블록을 쌓으며) 집을 지을 거야!

지호는 블록을 쌓아 집을 짓고, 자동차와 인형을 집 안에 넣어준다.

지호: (집 안을 돌아보며) 예쁜 집이 완성되었어요!

지호는 집 안을 돌아보며 즐거워한다.

장면 6

지호는 장난감을 가지고 노는 모습을 유튜브에 촬영한다.

지호: (카메라를 보며) 안녕하세요, 여러분! 지호입니다. 오늘은 제가 가지고 있는 장난감들을 가지고 노는 모습을 보여드리려고 합니다.

지호는 장난감을 가지고 노는 모습을 유튜브에 촬영하며 즐거워한다.

(영상 끝)

영상에 넣을 수 있는 부가적인 내용

* 지호가 장난감을 가지고 노는 모습을 부모님이 함께 보며 즐거워하는 장면을 넣을 수 있다.

* 지호가 장난감을 가지고 노는 모습을 다른 친구들과 함께 하는 장면을 넣을 수 있다.

* 지호가 장난감을 가지고 노는 모습을 다른 어린이들에게 소개하는 장면을 넣을 수 있다.

영상의 제목

* 7살 지호의 장난감 놀이

* 지호와 함께하는 장난감 놀이

* 장난감으로 세상을 탐험하는 지호

영상의 설명

* 7살 지호가 다양한 장난감을 가지고 노는 모습을 보여주는 영상입니다. 지호는 자동차, 인형, 공, 블록 등 다양한 장난감을 가지고 창의적이고 재미있게 노는 모습을 보여줍니다. 지호의 장난감 놀이를 통해 어린이들이 장난감의 다양한 놀이 방법을 배우고, 창의력을 키울 수 있기를 바랍니다.

이 대본을 참고하여 7살 어린이가 장난감을 가지고 노는 유튜브를 찍어보시기 바랍니다.

구글 바드에서 장난감을 가지고 노는 영상을 추천해달라고 질문했더니 유명한 유튜브 채널을 추천해주었습니다.

G Bard 챗봇 : 바드

질문:
유튜브에서 장난감을 가지고노는 영상을 검색해줘.

답변:
알겠습니다. 유튜브에서 "장난감 가지고 놀기" 키워드로 검색한 결과를 알려드리겠습니다.

검색 결과
* **동영상 수:** 100만 개 이상
* **채널 수:** 10만 개 이상
* **최신 업로드 날짜:** 2023년 11월 30일
시청자층
* **연령대:** 주로 3~10세 어린이
* **성별:** 남녀 비슷
* **지역:** 전 세계
주제
* **장난감 종류:** 블록, 자동차, 인형, 동물, 음식, 공구 등 다양한 장난감
* **놀이 방법:** 역할 놀이, 건설 놀이, 자동차 경주, 인형극 등 다양한 놀이 방법
* **교육적 요소:** 색깔, 숫자, 알파벳, 창의성 등 다양한 교육적 요소

대표적인 채널
* **브라드와 니키 (Vlad and Niki)**: 러시아의 어린이 유튜브 채널로, 100억 조회수를 돌파한 세계 최대 어린이 채널입니다. 블록, 자동차, 인형 등 다양한 장난감을 가지고 노는 모습을 보여주며, 아이들의 상상력을 자극하는 영상으로 인기를 끌고 있습니다.

* **라임튜브 (Lime Tube)**: 한국의 어린이 유튜브 채널로, 100만 구독자를 돌파한 인기 채널입니다. 블록, 자동차, 인형 등 다양한 장난감을 가지고 노는 모습을 보여주며, 아이들의 재미와 교육을 동시에 잡는 영상으로 사랑받고 있습니다.

추천 영상
* **[브라드와 니키] 장난감 자동차 경주하기 (Vlad and Niki Playing with Cars)**: 브라드와 니키가 다양한 장난감 자동차를 가지고 경주하는 모습을 보여주는 영상입니다. 아이들의 상상력을 자극하는 재미있는 영상입니다.

* **[라임튜브] 블록으로 집 짓기 (Lime Tube Building a House with Blocks)**: 라임튜브가 블록을 가지고 집을 짓는 모습을 보여주는 영상입니다. 아이들의 창의성을 자극하는 교육적인 영상입니다.

* **[라임튜브] 인형극 놀이 (Lime Tube Playing with Dolls)**: 라임튜브가 인형을 가지고 놀이하는 모습을 보여주는 영상입니다. 아이들의 역할 놀이를 돕는 교육적인 영상입니다.

위 검색 결과를 바탕으로, 유튜브에서 장난감을 가지고 노는 영상을 검색하실 때 다음과 같은 점을 참고하시면 좋을 것 같습니다.

* **영상의 주제와 장르:** 어떤 장난감을 가지고 노는지, 어떤 놀이 방법을 보여주는지 등을 확인하여 관심 있는 영상을 선택하시기 바랍니다.

* **영상의 시청자층:** 영상의 시청자층을 고려하여, 어린이의 눈높이에 맞는 영상을 선택하시기 바랍니다.

* **영상의 퀄리티:** 영상의 화질, 음질, 편집 등을 확인하여, 시청하기에 불편함이 없는 영상을 선택하시기 바랍니다.

이상으로 유튜브에서 장난감을 가지고 노는 영상을 검색하는 방법에 대한 안내를 마치겠습니다. 도움이 되셨기를 바랍니다.

07 _ 5 인스타그램 홍보 문구 만들기 – 퀴튼, ChatGTP 활용

ChatGTP, 퀴튼을 이용해서 인스타그램 홍보 문구를 만들어봅니다.
뤼튼에서 [AI 스토어] 탭에서 스크롤을 아래로 내려 [툴] 부분에서 "인스타"를 검색하면 다양한 AI를 확인할 수 있습니다.

[AI 인스타그램 콘텐츠 메이커]를 선택하고 친환경 화장품에 대한 인스타 콘텐츠를 만들어보았습니다. [자동 생성] 버튼을 누르면 입력한 내용으로 콘텐츠가 생성됩니다.

콘텐츠를 생성하였습니다. [AI 인스타그램 콘텐츠 메이커] 이외에도 다양한 인스타그램 관련 생성 기능이 있습니다. 이러한 기능은 개인이 만든 것으로 잘 찾아서 활용하면 손쉽게 좋은 컨텐츠의 생산이 가능합니다.

ChatGPT를 활용해서도 인스타그램의 홍보글을 작성할 수 있습니다.

챗봇 : ChatGPT
모델 : GPT-3.5

질문:
친화경화장품을 홍보하는 인스타그램용 글을 작성해줘
- 2~3줄로 간단하게
- 이모티콘 많이 넣어서
- 해쉬태그 풍부하게

답변:
자연 친화적인 화장품을 찾고 있다면, 이 제품을 놓치지 마세요! 우리 피부에도 친환경을! #친환경화장품 #자연스러운미모 #친화경화장품 #피부헤일리그렌 #환경보호 #자연의힘 #지구를지켜요 #플라스틱프리 #환경친화 #케어포유어피스 #그린뷰티 #뷰티템 #환경존중 #지속가능한미래

07 _ 6 주제별 블로그 글쓰기 - 뤼튼 활용

뤼튼을 활용해서 여러 주제의 블로그 글쓰기를 만들어보겠습니다.

블로그 글쓰기도 뤼튼의 [AI스토어]를 참고해서 손쉽게 작성할 수 있습니다.

[AI 스토어] 탭에서 스크롤을 아래로 내려 [툴] 부분에서 "블로그"를 검색해서 "공감하는 블로그 글쓰기"를 선택하였습니다.

블로그의 주제 키워드를 입력 후 [자동 생성]을 눌러 글을 생성하였습니다.

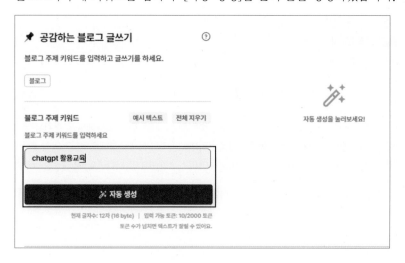

다음과 같은 블로그의 글을 작성하였습니다. 단 한 줄의 질문을 통해 바로 적용해도 될만한 내용의 결과를 얻었습니다.

블로그 제목: #블로그 주제 키워드 – 새로운 시각으로 바라보는 블로그 작성법

안녕하세요, 홍길동입니다. 오늘은 블로그 주제 키워드에 대해 이야기 하려고 합니다. 블로그를 운영하면서 가장 중요한 것 중 하나가 바로 주제 키워드입니다. 이것은 블로그의 방향성을 결정하고, 독자들에게 어떤 내용을 제공할지를 결정하는 큰 역할을 합니다.

블로그 주제 키워드는 블로그의 핵심이며, 이것을 통해 블로그의 목표를 명확히 할 수 있습니다. 예를 들어, SNS 마케팅에 관심이 많다면 'SNS 마케팅'을 주제 키워드로 설정할 수 있습니다. 또한, 블로그 교육이나 스마트폰 활용 교육에 관심이 있다면 해당 주제를 키워드로 설정할 수 있습니다.

주제 키워드를 설정한 후에는 이에 관련된 다양한 내용을 제공해야 합니다. 이는 독자들에게 유익한 정보를 제공하고, 독자들이 쉽게 배울 수 있도록 도와주는 역할을 합니다. 예를 들어, 'SNS 마케팅'이 주제 키워드라면 SNS 마케팅에 관한 다양한 팁이나 전략, 사례 등을 공유할 수 있습니다.

이러한 정보를 제공하면서 중요한 것은 정확성입니다. 오늘날 정보가 넘치는 시대에서는 정확한 정보를 제공하는 것이 중요합니다. 잘못된 정보는 독자들에게 혼란을 줄 수 있으므로, 정보를 제공할 때는 반드시 확인하고 제공해야 합니다.

또한, 정보를 제공할 때는 쉽게 이해할 수 있도록 설명해야 합니다. 복잡한 용어나 어려운 내용은 독자들이 이해하기 어려울 수 있으므로, 가능한 쉽고 이해하기 쉬운 언어로 설명해야 합니다.

이렇게 블로그 주제 키워드를 설정하고, 이에 관한 다양하고 정확한 정보를 쉽게 이해할 수 있도록 제공하면, 블로그는 많은 독자들에게 사랑받을 수 있을 것입니다.

이제 블로그 주제 키워드를 설정하고, 이에 관한 정보를 제공하는 방법에 대해 알게 되셨나요? 이제 당신도 멋진 블로그를 운영할 수 있을 것입니다. 함께 성장해 나가는 블로그가 되도록 노력하겠습니다. 감사합니다.

일상 생활에 생성형 AI 활용하기

교육, 여행, 요리 등 다양한 생활분야에서 챗봇을 어떻게 활용하는지 알아봅니다.

08 _ 1 나를 위한 영어 학습하기 – 바드, 챗GPT, 빙챗 활용

미국을 여행하는데 필요한 영어 공부를 위해 사용하였습니다. 여행에 필요한 영어를 질문을 통해 물어보았습니다.

G Bard 챗봇 : 바드

질문:
미국을 여행할거야. 여행에서 필수적으로 필요한 영어표현을 알려줘

답변:
미국 여행에서 필수적으로 필요한 영어표현을 상황별로 정리해 보았습니다.

공항에서

* **출발**
    * I'd like to check in for my flight. (체크인 하고 싶습니다.)
    * Where is the gate for my flight? (내 비행기 탑승구는 어디입니까?)
    * I have a connecting flight to Los Angeles. (LA로 환승합니다.)

* **입국**
    * Hello. I'm here for a tourist visa. (안녕하세요. 관광 비자로 왔습니다.)
    * How long will you be staying in the United States? (미국에 얼마나 머무를 예정입니까?)
    * What is the purpose of your visit? (미국 방문 목적은 무엇입니까?)

* **출국**
    * Where is the customs? (세관은 어디입니까?)
    * Do I need to declare anything? (신고할 물건이 있습니까?)

호텔에서

* **체크인**
    * I'd like to check in. (체크인 하고 싶습니다.)
    * I have a reservation for the name of [예약자명]. ([예약자명]으로 예약했습니다.)
    * Do you have a room with a view? (전망 좋은 방이 있습니까?)

* **체크아웃**
    * I'd like to check out. (체크아웃 하고 싶습니다.)

* How much is my bill? (내 계산서는 얼마입니까?)
* Can I pay with a credit card? (신용카드로 결제할 수 있습니까?)

관광지에서

* **길 찾기**
    * Where is the nearest bathroom? (가장 가까운 화장실은 어디입니까?)
    * How do I get to [관광지명]? ([관광지명]으로 어떻게 가야 합니까?)

* **정보 요청**
    * What time does the museum open? (박물관은 언제 개장합니까?)
    * How much does the ticket cost? (입장료는 얼마입니까?)
    * Do you have a map of the city? (도시 지도 있습니까?)

쇼핑

* **물건 구입**
    * Can I have that? (그거 주세요.)
    * How much is it? (얼마입니까?)
    * Can I try it on? (입어볼 수 있습니까?)

* **결제**
    * I'd like to pay with cash. (현금으로 결제하고 싶습니다.)
    * Can I use my credit card? (신용카드로 결제할 수 있습니까?)
    * Can I get a receipt? (영수증을 받을 수 있습니까?)

음식점

* **자리 예약**
    * Can I make a reservation for [인원수]? ([인원수]명 예약하고 싶습니다.)
    * What time is a good time to come? (언제 오면 좋을까요?)

* **주문**
    * Can I have the menu? (메뉴 좀 주세요.)
    * I'd like to order the [메뉴명]. ([메뉴명] 주문하고 싶습니다.)
    * Do you have any recommendations? (추천할 메뉴가 있습니까?)

* **계산**
    * Can we get the check? (계산서 좀 주세요.)
    * Can I pay with a credit card? (신용카드로 결제할 수 있습니까?)

이외에도 여행 중 겪을 수 있는 다양한 상황을 대비하여 다음과 같은 표현들을 알아두면 도움이 될 것입니다.

* **도와주세요.** (Help me.)

* **미안합니다.** (Excuse me.)

* **감사합니다.** (Thank you.)

* **안녕히 계세요.** (Goodbye.)

또한, 영어로 말하는 것이 부담스럽다면 간단한 제스처나 몸짓으로 의사소통을 시도해 보시기 바랍니다. 예를 들어, 화장실이 어디 있는지 물어볼 때 손가락으로 화장실 모양을 그려보거나, 음식을 주문할 때 원하는 음식의 이름을 손으로 가리키는 것도 좋은 방법입니다.

즐거운 미국 여행 되시기 바랍니다

비즈니스를 위한 영어표현을 물어보았습니다.

챗봇 : ChatGPT
모델 : GPT-3.5

질문:
비즈니스에 필요한 영어표현을 알려줘.

답변:
비즈니스 영어 표현을 몇 가지 알려드리겠습니다. 비즈니스 커뮤니케이션에 유용한 표현들이 포함되어 있습니다:

1. Greetings (인사):
    - Good morning/afternoon/evening. (안녕하세요/좋은 아침/오후/저녁입니다.)
    - Hello, how can I assist you today? (안녕하세요, 오늘 어떻게 도와드릴까요?)
    - Nice to meet you. (만나서 반갑습니다.)

2. Introducing Yourself (자기 소개):
    - My name is [Your Name], and I work in [Your Position] at [Company Name]. (제 이름은 [당신의 이름]이고, [당신의 직책]으로 [회사 이름]에서 일하고 있습니다.)

3. Making Inquiries (질문하기):
    - Can you provide more information about...? (더 자세한 정보를 제공할 수 있나요?)
    - What are the details of this project? (이 프로젝트의 세부 정보는 무엇인가요?)
    - Could you clarify the timeline? (일정을 명확히 해 주실 수 있을까요?)

4. Giving Information (정보 제공):
    - Here are the facts and figures. (여기 사실과 수치가 있습니다.)
    - Let me walk you through the report. (보고서를 설명해 드리겠습니다.)
    - I'd like to update you on our progress. (진행 상황을 업데이트하고 싶습니다.)

5. Discussing Options (옵션 논의):
   - We have a few alternatives to consider. (고려해야 할 대안 몇 가지가 있습니다.)
   - What are the pros and cons of each option? (각 옵션의 장단점은 무엇인가요?)
   - Which direction do you think we should take? (어떤 방향으로 가야 할 것 같나요?)

6. Agreeing and Disagreeing (동의와 불동의):
   - I agree with your point of view. (당신의 의견에 동의합니다.)
   - I see where you're coming from, but I have a different perspective. (당신의 관점은 이해하지만, 제 관점은 다릅니다.)
   - Let's find a compromise. (타협점을 찾아봅시다.)

7. Making Requests (요청하기):
   - Could you please send me the latest updates? (최신 업데이트를 보내 주실 수 있을까요?)
   - I would appreciate it if you could expedite the process. (프로세스를 가속화해 주시면 감사하겠습니다.)
   - Can we schedule a meeting for next week? (다음 주에 회의 일정을 잡을 수 있을까요?)

8. Closing a Conversation (대화 종료):
   - Thank you for your time and cooperation. (시간과 협조에 감사드립니다.)
   - If you have any further questions, please don't hesitate to reach out. (더 궁금한 점이 있으면 언제든지 문의해 주세요.)
   - Let's keep in touch. (계속 연락을 유지합시다.)

비즈니스 상황에 따라 이러한 표현을 조합하고 수정하여 사용할 수 있습니다. 필요에 따라 문장을 커스터마이징하고 연습하여 비즈니스 영어 능력을 향상시킬 수 있을 것입니다.

프로그램을 공부하기 위해서 어떤 순서로 공부해야 하는지에 대해서도 물어볼 수 있습니다.

빙챗(Copilot)의 경우 답변의 마지막에 출처를 알려주어 공부하기에 매우 좋습니다.

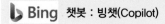 **Bing** 챗봇 : 빙챗(Copilot)

질문:
파이썬을 공부하고 싶어. 어떤 순서로 공부하면 좋을까?

답변:
파이썬을 공부하는 순서는 다음과 같습니다[14]:
1. **프로그래밍 / 코딩이란?**
2. **왜 파이썬인가?**

3. **파이썬 설치하기**

4. **개발환경 세팅**

5. **에디터 장단점**

6. **변수와 사용법**

7. **자료형**

8. **문자열 자료형**

9. **문자열메서드**

10. **데이터구조-리스트**

11. **데이터구조-튜플**

12. **데이터구조-딕셔너리**

13. **데이터구조-집합, set ()**

14. **데이터구조-형변환,casting**

15. **기본문법-indent, 정적분석툴**

16. **파이썬 조건문 (if elif else)**

17. **파이썬 반복문 (while 문)**

18. **파이썬 반복문 (for 문)**

19. **파이썬 기본문법 break, continue**

20. **사용자에게 입력받기, input (), 소수구하기**

21. **파일 읽고 쓰기, open ()**

22. **파이썬 예외처리, try exception**

23. **유니코드와 인코딩, UTF-8**

24. **파이썬 내장함수와 메소드**

25. **파이썬 정수, 부동소수점, 문자열 객체**

26. **파이썬 유저 함수**

27. **파이썬 클래스, 네임맹글링, 클래스상속**

28. **파이썬 모듈이란? 모듈 개념과 사용법**

29. **파이썬 라이브러리, 패키지 차이**

30. **파이썬 데코레이터, 클로저**

31. **파이썬 타입힌트, type hint**

32. **파이썬 디버깅과 디버깅 툴**

이 순서대로 공부하면 파이썬에 대한 기본적인 이해를 할 수 있습니다. 파이썬은 매우 직관적이고 사용하기 쉬운 언어이므로, 이 순서대로 차근차근 공부하면 좋을 것 같습니다. 파이썬 공부 화이팅! ^^

출처: Bing과의 대화, 2023. 11. 30.

(1) 파이썬 독학을 위한 python 기초 강좌 100개 정리

(2) 파이썬 공부 이유와 개념 공부 순서 정리

(3) 파이썬 독학 초보자 추천 3가지, 무료로 배울 수 있는 교재와

(4) 파이썬 독학 하는 법! Python 기초 입문자를 위한 기본 개념과 용어

08 _ 2 자녀 교육용 수학문제 만들기 - 바드, 챗GPT 활용

자녀교육에 활용한 수학문제를 요청하였습니다. 7세 아이의 수준으로 수학문제를 만들어달라고 요청하였습니다.

GBard 챗봇 : 바드

질문:
7세 아이의 수준에서 1자리수 뺄셈 문제를 20개 만들어줘.

답변:
알겠습니다. 7세 아이의 수준에서 1자리수 뺄셈 문제를 20개 만들어 보겠습니다.

1. 5에서 2를 빼면 몇이 될까요?
2. 8에서 3를 빼면 몇이 될까요?
3. 7에서 4를 빼면 몇이 될까요?
4. 6에서 5를 빼면 몇이 될까요?
5. 9에서 6을 빼면 몇이 될까요?

6. 12에서 7을 빼면 몇이 될까요?
7. 13에서 8을 빼면 몇이 될까요?
8. 14에서 9을 빼면 몇이 될까요?
9. 15에서 10을 빼면 몇이 될까요?
10. 16에서 11을 빼면 몇이 될까요?

11. 20에서 12를 빼면 몇이 될까요?
12. 21에서 13을 빼면 몇이 될까요?
13. 22에서 14을 빼면 몇이 될까요?
14. 23에서 15을 빼면 몇이 될까요?
15. 24에서 16을 빼면 몇이 될까요?

16. 25에서 17을 빼면 몇이 될까요?
17. 26에서 18을 빼면 몇이 될까요?
18. 27에서 19을 빼면 몇이 될까요?
19. 28에서 20을 빼면 몇이 될까요?
20. 29에서 21을 빼면 몇이 될까요?

이 문제들은 1자리수 숫자를 사용하고, 뺄셈의 결과가 0보다 큰 값을 갖는 문제들입니다. 또한, 뺄셈의 결과가 10보다 작거나 같은 값을 갖는 문제들로 구성했습니다.

이 문제들을 아이와 함께 풀어 보면서 1자리수 뺄셈의 개념을 이해하고, 뺄셈의 결과를 정확하게 구할 수 있도록 도와주세요.

중학교 1학년 수준의 수학문제를 요청하였습니다.

질문:
중학교 1학년 수학이야. 거듭제곱에 관한 문제를 20개 만들어줘

답변:
물론, 거듭제곱에 관한 중학교 1학년 레벨의 문제를 20개 만들어드리겠습니다. 이 문제들은 거듭제곱의 기초적인 개념을 이해하는 데 도움이 될 것입니다. 답안도 함께 제공하겠습니다.

1. 2^3은 얼마인가요?
2. 5^2은 얼마인가요?
3. 3^4은 얼마인가요?
4. 10^0은 얼마인가요?
5. 6^1은 얼마인가요?
6. 7^2은 얼마인가요?
7. 9^3은 얼마인가요?
8. 4^0은 얼마인가요?
9. 2^5은 얼마인가요?
10. 8^2는 얼마인가요?
11. 10^1은 얼마인가요?
12. 3^2을 4로 나눈 값은 얼마인가요?
13. 6^3을 2로 나눈 값은 얼마인가요?
14. 5^4를 5로 나눈 값은 얼마인가요?
15. 7^2을 7로 나눈 값은 얼마인가요?
16. 9^2을 3로 나눈 값은 얼마인가요?
17. 2^6을 2로 나눈 값은 얼마인가요?
18. 4^3을 4로 나눈 값은 얼마인가요?
19. 8^4를 8로 나눈 값은 얼마인가요?
20. 10^5을 10으로 나눈 값은 얼마인가요?

이러한 문제들을 풀면서 거듭제곱의 기초적인 개념을 더 잘 이해할 수 있을 것입니다. 답안을 확인할 때 주의하세요!

어떤 교육이 필요한지도 질문을 통해 답변받을 수 있습니다.

	챗봇 : ChatGPT
ChatGPT	모델 : GPT-4

질문:
초등학교에 가기전인 7세 아이가 배워야할 교육은 뭐가있어?

답변:
7세 아이가 초등학교에 입학하기 전에 배워야 할 교육의 핵심적인 부분은 다음과 같습니다:

1. 기본적인 사회적 기술: 아이들이 다른 사람들과 상호작용하고, 기본적인 예의를 지키는 방법을 배우는 것이 중요합니다. 예를 들어 차례를 지키거나, 다른 사람들의 감정을 고려하는 것 등이 포함됩니다.

2. 기본적인 학습 기술: 이해력, 글쓰기, 읽기, 그리고 수학적 개념을 이해하는 기본적인 능력을 키우는 것이 중요합니다. 이는 아이들이 초등학교에서 학습을 시작할 때 핵심적인 역량을 갖추게 합니다.

3. 자기관리 능력: 아이들은 자신의 행동을 관리하고, 감정을 표현하는 방법을 배워야 합니다. 이는 자신의 행동에 대한 책임감을 느끼게 하고, 효과적으로 문제를 해결하는 능력을 기르게 합니다.

4. 창의력 및 상상력: 아이들이 창의적으로 생각하고, 상상력을 사용하는 능력은 그들의 학습 능력을 향상시키고, 문제 해결 능력을 개발하는 데 도움이 됩니다. 예를 들어 놀이를 통한 학습은 아이들이 새로운 아이디어를 탐색하고, 독창적인 생각을 할 수 있게 합니다.

이 외에도 자연과의 교감, 건강한 생활습관 등도 중요한 항목입니다. 그러나 각 아이의 성향과 능력, 환경에 따라 필요한 교육 내용은 달라질 수 있으므로, 아이의 성장과 발전을 위해 가장 적합한 교육 방법을 선택하는 것이 중요합니다.

08 _ 3 여행 계획표 만들기 – 클로바x, 바드, 빙챗(Copilot) 활용

클로바x, 바드, 빙챗을 활용해 여행계획표를 만들어보겠습니다.

우선 클로바x를 이용하여 여행계획을 만들어봅니다.

클로바x의 스킬 기능을 활성화합니다. 네이버여행 스킬이 동작하게끔 질문하여 네이버여행의 정보를 바탕으로 여행을 계획합니다.

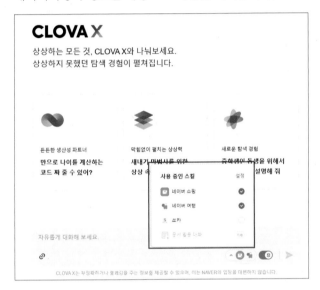

여수를 여행하는 질문을 하였습니다. 네이버 여행 스킬이 동작하며 다양한 실제 장소를 추천해주었습니다.

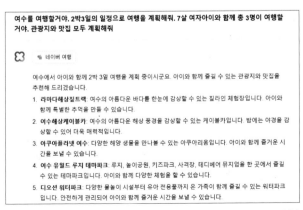

답변 아래 네이버여행과 연결되는 링크도 함께 제공되었습니다.

한 번에 표로 만들어달라고 요청하였습니다. 가격, 주소가 포함된 표로 생성되었습니다.

위에서 추천한 장소의 가격과 주소를 표로 정리해줘

네, 위에서 추천한 장소의 가격과 주소를 표로 정리해 드리겠습니다.

장소명	가격	주소
라마다해상짚트랙	대인 35,000원, 소인 30,000원	전남 여수시 돌산읍 강남해안로 81
여수해상케이블카	왕복 일반캐빈 대인 17,000원, 소인 12,000원	전남 여수시 돌산읍 돌산로 3600-1
아쿠아플라넷 여수	대인 33,000원, 소인 28,000원	전남 여수시 오동도로 61-11 아쿠아리움
여수 유월드 루지 테마파크	대인 19,900원, 소인 15,900원	전남 여수시 소라면 안심산길 155
디오션 워터파크	대인 50,000원, 소인 40,000원	전남 여수시 소호로 295 디오션리조트
이사부크루즈 국동유람선	주간해상크루즈 대인 25,000원, 소인 15,000원	전남 여수시 돌산읍 돌산로 3617-18

가격은 2023년 8월 기준이며, 변동될 수 있으니 방문 전에 확인하시는 것을 추천드립니다.

실제 여행으로 사용하기에도 무리가 없으나 자신의 일정 등에 맞추어 다양한 장소 등을 추천받을 수 있습니다.

구글의 바드 또한 여행일정을 짜기에 좋습니다. 구글은 세계 최대의 검색엔진으로 다양한 정보를 바탕으로 챗봇에도 답변을 해줍니다.

구글 바드를 통해 질문해보도록 합니다.

질문:

여수를 여행할거야. 2박3일 일정으로 여행을 계획해줘. 7살 여자아이와 함께 총 3명이 여행할거야. 관광지와 맛집 모두 계획해줘.

답변:

알겠습니다. 7살 여자아이와 함께하는 여수 2박 3일 여행 일정을 다음과 같이 계획해 보았습니다.

1일차
* 오전: 서울에서 여수로 출발 (차량, KTX, 비행기 등 선택 가능)
* 오후: 여수에 도착 후, 호텔 체크인
* 저녁: 여수의 대표적인 음식인 **바다김밥**을 맛보기
* 밤: 여수의 야경을 감상하기 위해 **낭만포차** 거리를 방문

2일차
* 오전: **이순신광장**에서 이순신 장군의 위대한 업적을 기리고, **여수해상케이블카**를 타고 돌산공원을 관람
[Image of 여수해상케이블카]
* 점심: 돌산공원 내 **돌산대교전망대**에서 여수의 아름다운 풍경을 감상하며 식사
* 오후: **아쿠아플라넷 여수**에서 다양한 해양 생물을 관람
[Image of 아쿠아플라넷 여수]
* 저녁: 여수의 대표적인 해산물 요리인 **하모샤브샤브**를 맛보기

3일차
* 오전: **오동도**에서 아름다운 자연 경관을 감상하고, **오동도수목원**에서 다양한 식물을 관람
[Image of 오동도]
[Image of 오동도수목원]
* 점심: 오동도 내 **오동도식당**에서 여수의 향토 음식인 **돌산갓김치**를 맛보기
* 오후: 여수에서 서울로 출발

이 일정은 여수의 대표적인 관광지를 중심으로 구성하였으며, 7살 여자아이와 함께하는 가족 여행에 적합하도록 고려하였습니다.

관광지별 추천 코스
* **이순신광장**
    * 이순신 광장 내에는 이순신 장군의 동상, 충무공기념관, 여수해상케이블카 탑승장 등이 있습니다.

* 충무공기념관에서는 이순신 장군의 일대기를 살펴볼 수 있습니다.
  * 여수해상케이블카를 타고 돌산공원을 관람하면 여수의 아름다운 풍경을 한눈에 감상할 수 있습니다.

* **돌산공원**
  * 돌산공원은 여수의 대표적인 관광지 중 하나로, 돌산대교. 여수해상케이블카 탑승장. 돌산공원 전망대 등이 있습니다.
  * 돌산대교는 여수의 대표적인 랜드마크로, 해질녘에 특히 아름답습니다.
  * 여수해상케이블카를 타고 돌산공원을 관람하면 여수의 아름다운 풍경을 한눈에 감상할 수 있습니다.
  * 돌산공원 전망대에서는 여수의 전경을 한눈에 감상할 수 있습니다.

* **아쿠아플라넷 여수**
  * 아쿠아플라넷 여수는 다양한 해양 생물을 관람할 수 있는 곳으로, 특히 돌고래쇼와 공연이 인기가 많습니다.

* **오동도**
  * 오동도는 여수의 대표적인 관광지로, 아름다운 자연 경관과 다양한 식물들이 있습니다.
  * 오동도수목원에서는 다양한 식물을 관람할 수 있습니다.
  * 오동도식당에서는 여수의 향토 음식인 돌산갓김치를 맛볼 수 있습니다.

맛집 추천

* **바다김밥**
  * 여수의 대표적인 음식으로, 바다에서 나는 다양한 해산물이 들어간 김밥입니다.

* **돌산갓김치**
  * 여수의 향토 음식으로, 갓과 다양한 채소로 담근 김치입니다.

* **하모샤브샤브**
  * 여수의 대표적인 해산물 요리로, 가자미과에 속하는 하모를 샤브샤브로 먹는 요리입니다.

이 일정은 참고용으로, 가족의 취향과 상황에 맞게 조정하시면 됩니다. 즐거운 여수 여행 되시기 바랍니다.

바드의 경우 답변은 다양한 검색결과에서 가져온 이미지를 이용하여 답변을 해줍니다. 이미지를 클릭하면 이미지를 가져온 곳의 링크를 따라가서 더 다양한 정보의 확인이 가능합니다.

2일차

- 오전: 이순신광장에서 이순신 장군의 위대한 업적을 기리고, 여수해상케이블카를 타고 돌산공원을 관람

여수해상케이블카

- 점심: 돌산공원 내 돌산대교전망대에서 여수의 아름다운 풍경을 감상하며 식사
- 오후: 아쿠아플라넷 여수에서 다양한 해양 생물을 관람

아쿠아플라넷 여수

빙챗(Copilot)의 경우에도 실제 데이터를 바탕으로 일정을 잘 작성해 주었습니다.

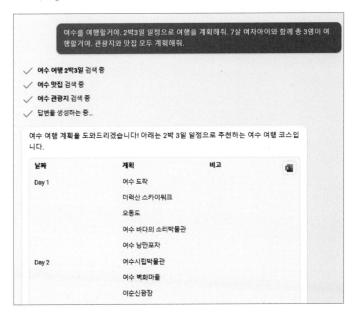

여수를 여행할거야. 2박3일 일정으로 여행을 계획해줘. 7살 여자아이와 함께 총 3명이 여행할거야. 관광지와 맛집 모두 계획해줘.

✓ 여수 여행 2박3일 검색 중
✓ 여수 맛집 검색 중
✓ 여수 관광지 검색 중
✓ 답변을 생성하는 중…

여수 여행 계획을 도와드리겠습니다! 아래는 2박 3일 일정으로 추천하는 여수 여행 코스입니다.

날짜	계획	비고
Day 1	여수 도착	
	더럭산 스카이워크	
	오동도	
	여수 바다의 소리박물관	
	여수 낭만포차	
Day 2	여수시립박물관	
	여수 벽화마을	
	이순신광장	

또한 링크를 이용하여 정보를 알려주므로 여행을 계획하기에 좋습니다.

	국립해양박물관
	여수 케이블카
	여수 밤바다
Day 3	여수 바다박물관
	여수 돌산공원
	여수 순천만 생태공원
	여수 종합유원지
	여수 야식거리

위 일정은 참고용으로, 여행 일정에 따라 유동적으로 변경될 수 있습니다. 맛집 추천은 아래와 같습니다:

- **광어회**: 여수시 중앙동 59-1
- **여수돔**: 여수시 국동 1길 20
- **여수 밤바다**: 여수시 국동 1길 20
- **여수 낭만포차**: 여수시 중앙동 59-1

즐거운 여행 되세요!

자세한 정보: 1. bing.com   2. tripadvisor.co.kr   3. salgoonews.com   +7 더 보기   1 / 30 ●

08 _ 4 구글 검색엔진처럼 사용하기 - 바드 활용

구글 바드를 검색엔진처럼 실시간 정보 검색에 활용해보겠습니다.
구글 바드의 경우 실시간 정보에 대한 검색이 가능합니다. 구글에서 사용한 것처럼 검색엔진으로 사용하여도 무리가 없습니다.

G Bard 챗봇 : 바드

질문:
오늘의 코스피 지수에 대해서 알려줘.

답변:

네, 알려드리겠습니다.

2023년 11월 30일, 한국거래소에서 거래된 코스피 지수는 **7,292.80**으로, 전일 대비 **14.87**포인트 상승(+0.20%)했습니다.

코스피 지수는 이날 오전 9시 30분 기준 전일 대비 10.37포인트 상승한 7,276.07로 개장했습니다. 이후 상승세를 이어가며 13시 30분 현재 7,292.80으로 마감했습니다.

코스피 지수는 이날 미국 증시의 상승세를 등에 업고 상승했습니다. 미국 뉴욕증시의 다우존스30산업평균지수는 전일 대비 117.12포인트(+0.33%) 상승한 35,390.15로 거래를 마쳤습니다. S&P500지수는 2.72포인트(+0.06%) 오른 4,559.34로, 기술주 중심의 나스닥 지수는 34.76포인트(+0.22%) 상승한 16,029.49로 장을 마감했습니다.

이날 코스피 시장에서는 외국인 투자자가 2,522억원 순매수했고, 개인과 기관은 각각 1,432억원, 888억원 순매도했습니다.

업종별로는 자동차, 건설, 철강 등 경기소비재 관련주들이 상승세를 보였습니다. 자동차주는 현대차, 기아 등이 3% 이상 상승했고, 건설주는 DL이앤씨, SK에코플랜트 등이 5% 이상 상승했습니다. 철강주는 포스코, 현대제철 등이 2% 이상 상승했습니다.

반면, IT, 금융, 에너지 등은 하락세를 보였습니다. IT주는 삼성전자, SK하이닉스 등이 1% 이상 하락했고, 금융주는 KB금융, 신한지주 등이 0.5% 이상 하락했습니다. 에너지주는 S-Oil, SK이노베이션 등이 1% 이상 하락했습니다.

코스피 지수는 이날 상승했지만, 연중 고점을 경신하지는 못했습니다. 코스피 지수는 지난 7월 20일 3,305.46으로 연중 최고치를 기록한 이후 하락세를 이어가고 있습니다.

질문:

오늘 코스피에서 가장 많이 거래한 종목 1위부터 10위까지 알려줘.

답변:

네, 알려드리겠습니다.

2023년 11월 30일, 한국거래소에서 가장 많이 거래된 종목 1위부터 10위까지는 다음과 같습니다.

순위	종목명	거래량(주)	거래대금(억원)
———	————	————————	————————
1	현대차	1,358,919	1,081,052
2	기아	1,248,447	963,397
3	DL이앤씨	656,065	517,974
4	SK에코플랜트	624,001	492,709
5	포스코	555,268	436,324
6	현대제철	533,873	419,743
7	삼성전자	436,803	349,042
8	SK하이닉스	401,483	322,316
9	NAVER	372,010	298,173

이날 코스피 시장에서 가장 많이 거래된 종목은 현대차와 기아였습니다. 두 종목은 각각 1,358,919주, 1,248,447주가 거래되어 거래량 1위와 2위를 차지했습니다. 거래대금도 각각 1,081,052억원, 963,397억원으로 가장 많았습니다.

현대차와 기아의 주가는 이날 각각 3.12%, 3.03% 상승했습니다. 두 종목은 미국 자동차 시장의 호조세와 함께 자동차 수요 증가에 대한 기대감으로 상승세를 보였습니다.

DL이앤씨와 SK에코플랜트도 각각 5.13%, 5.07% 상승하며 거래량 3위와 4위를 차지했습니다. 두 종목은 건설 경기 회복에 대한 기대감으로 상승세를 보였습니다.

포스코와 현대제철도 각각 2.49%, 2.43% 상승하며 거래량 5위와 6위를 차지했습니다. 두 종목은 철강 수요 증가에 대한 기대감으로 상승세를 보였습니다.

삼성전자와 SK하이닉스는 각각 0.99%, 0.87% 하락하며 거래량 7위와 8위를 차지했습니다. 두 종목은 미국 연방준비제도(Fed)의 금리 인상 우려로 하락세를 보였습니다.

NAVER는 0.86% 상승하며 거래량 9위를 차지했습니다.

빙챗(Copilot)의 경우에도 실시간 검색용으로 활용해도 좋습니다.

08 _ 5 요리 레시피 만들기 – 챗GPT, 바드 활용

챗GPT, 바드를 활용해 요리 레시피를 만들어보겠습니다.

ChatGPT에게 김치찌개 레시피를 질문하였습니다. 사진으로 알려달라고 부탁하였으나 "죄송하지만, 텍스트로만 정보를 제공할 수 있습니다. 사진을 첨부할 수 없습니다."라는 답변을 받았습니다.

⊙ OpenAI **ChatGPT**	챗봇 : ChatGPT
	모델 : GPT-3.5

질문:
김치찌개를 맛있게 끓이는 레시피를 사진도 첨부해서 알려줘

답변:
죄송하지만, 텍스트로만 정보를 제공할 수 있습니다. 사진을 첨부할 수 없습니다. 아래는 김치찌개를 만들기 위한 간단한 레시피입니다.

재료:
– 백김치 2컵
– 돼지고기 (선택사항) 200g
– 물 4컵
– 대파 1대 (대파 대신 양파를 사용할 수도 있습니다)
– 마늘 3–4개
– 생강 한 토막 (선택사항)
– 고춧가루 2–3 큰 술 (맛에 따라 조절 가능)
– 참기름 1 큰 술
– 김치 국물 1 큰 술
– 소금 1 작은 술 (맛에 따라 조절 가능)

요리 단계:
1. 백김치와 돼지고기를 준비합니다. 돼지고기는 얇게 썰어주세요. 돼지고기를 사용하지 않는다면 백김치만 사용해도 괜찮습니다.
2. 대파와 마늘을 다져주세요. 생강은 얇게 채 썰어주세요.
3. 냄비에 참기름을 두르고 대파와 마늘을 볶아주세요. 마늘과 대파가 향긋하게 볶아질 때까지 볶아주세요.
4. 돼지고기를 추가하고 고기가 익을 때까지 볶아주세요. 돼지고기를 사용하지 않는다면 이 단계를 생략하세요.

5. 백김치를 냄비에 넣고 함께 볶아주세요.

6. 고춧가루와 김치 국물을 넣고 볶아주세요. 고춧가루와 김치 국물을 넣어 김치찌개의 매운맛을 조절하세요.

7. 물을 넣고 끓입니다. 중불에서 물이 끓을 때까지 끓여주세요.

8. 끓기 시작하면 중불로 줄이고 김치찌개가 10-15분간 더 끓도록 해주세요. 중간 중간에 국물을 저어주세요.

9. 김치찌개가 끝나기 직전에 생강과 소금을 넣고 간을 맞춥니다.

10. 김치찌개를 그릇에 담아 대파나 양파를 곁들여 마무리합니다.

맛있는 김치찌개 완성! 이 레시피를 참고하여 직접 만들어보시기 바랍니다.

이제 구글 바드를 이용하여 같은 질문을 해보도록 하겠습니다. 다양한 링크에서 사진을 첨부해서 답변을 해주었습니다. 글로만 이해가 어려운 답변의 경우 바드에게 질문을 하면 사진도 함께 제공해주어 이해하기 좋습니다. 예를 들어 음식을 만들 때 어슷썰기가 무엇인지 모를 경우 사진으로 함께 제공해주어 이해도가 훨씬 좋습니다.

 김치찌개를 맛있게 끓이는 레시피를 사진도 첨부해서 알려줘

재료

- 돼지고기(목살 or 삼겹살) 300g
- 김치 1/2포기
- 양파 1/2개
- 대파 1/2대
- 다진 마늘 1큰술
- 고춧가루 2큰술
- 국간장 1큰술
- 설탕 1큰술
- 참기름 1큰술
- 물 500ml

만드는 방법

1. 돼지고기는 먹기 좋은 크기로 썰어 핏물을 뺀다.

만드는 방법

1. 돼지고기는 먹기 좋은 크기로 썰어 핏물을 뺀다.

핏물을 뺀 돼지고기

2. 김치는 먹기 좋은 크기로 송송 썰고, 양파는 채 썰고, 대파는 어슷썰기 한다.

김치, 양파, 대파 손질

3. 냄비에 기름을 두르고 돼지고기를 볶는다.

3. 냄비에 기름을 두르고 돼지고기를 볶는다.

돼지고기 볶기

4. 돼지고기가 익으면 김치를 넣고 볶는다.

김치 넣고 볶기

5. 양파, 대파, 다진 마늘을 넣고 볶는다.

08 _ 6 오늘의 운세 보기 – ChatGPT, 바드 활용

오늘의 운세를 확인해보겠습니다.

챗봇을 이용하여 오늘의 운세를 확인할 수 있습니다.

챗봇에게 타로마스터의 역할을 부여한 다음 오늘의 운세를 확인하였습니다.

ChatGPT

챗봇 : ChatGPT
모델 : GPT-3.5

질문:
너는 타로카드 오늘의 운세를 봐주는 타로마스터야. 1부터 78번까지 카드를 가지고 오늘의 운세를 봐주지. 타로카드를 무작위로 섞어. 나는 그중에 12번 카드를 뽑았어. 오늘의 운세를 알려줘.

답변:
물론, 오늘의 운세를 알려드릴게요.

12번 카드는 "여자 황제"라고 불리는 카드인데, 이 카드는 풍부한 창의력과 안정감을 나타냅니다. 오늘은 자신의 역량을 믿고 행동하는 데 좋은 날일 것입니다. 여성적인 에너지와 지혜가 두드러지며, 자신의 목표를 달성하는 데 도움이 될 것입니다.

또한, 이 카드는 자신을 사랑하고 존중하는 것의 중요성을 강조합니다. 자신의 가치를 인정하고 자신을 소중히 여기는 것이 성공과 행복의 핵심일 수 있습니다. 오늘은 자신을 돌보고 사랑하는 일에 시간을 할애하는 것이 좋을 것입니다.

또한, 여성적인 힘과 지혜를 활용하여 주변의 문제를 해결할 수 있는 기회가 있을 수 있으니, 주변 상황에 주의를 기울이고 지혜를 발휘해보세요. 적극적이고 확고한 태도로 오늘을 즐기시길 바랍니다.

바드의 경우 타로카드에 대한 답변만 하는 경우가 있어 번호를 무작위로 뽑은 다음에 그 카드에 대한 오늘의 운세를 물어보았습니다.

질문:

1부터 78번중의 무작위 번호를 하난 답변해줘

답변:

알겠습니다. 1부터 78번까지의 무작위 번호는 71입니다.

혹시 다른 번호를 원하시면 말씀해주세요.

질문:

71번의 타로카드에 대한 오늘의 운세를 알려줘

답변:

71번 타로카드는 **힘**(Strength) 카드입니다. 이 카드는 힘과 용기, 결단력을 상징합니다. 오늘 당신은 어떤 어려움에 직면하더라도 그것을 극복할 수 있는 힘과 용기를 가지고 있습니다. 당신은 당신의 믿음과 신념을 바탕으로 어려운 결정을 내리고, 그것을 실행할 수 있습니다.

구체적으로, 오늘 당신은 다음과 같은 운세를 맞이할 수 있습니다.

* 당신의 목표를 달성하기 위해 필요한 힘과 용기를 얻을 수 있습니다.
* 어려운 상황을 극복하고 성공할 수 있습니다.
* 당신의 신념과 가치관을 지키기 위해 결단력을 발휘할 수 있습니다.
* 새로운 도전을 시작하고 성공을 거둘 수 있습니다.

물론, 이 운세는 단지 일반적인 예시일 뿐입니다. 당신의 구체적인 상황에 따라 운세는 달라질 수 있습니다.

오늘 당신이 어떤 어려움에 직면하더라도, 당신의 힘과 용기를 믿고 나아가시기 바랍니다.

08 _ 7 사진 설명문 자동으로 만들기 - 바드, 빙챗(Copilot) 활용

바드, 빙챗을 활용해 사진을 분석해서 설명문을 만들어보겠습니다.

구글 바드는 사진을 입력받아 사진을 분석하여 질문이 가능합니다.

이미지 입력 부분을 눌러 사진을 입력할 수 있습니다.

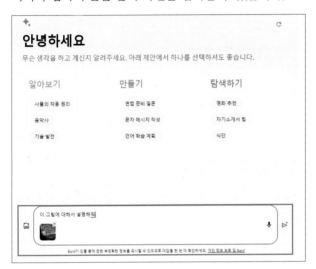

고흐의 그림에 대해서 설명을 요청하였습니다. 그림의 제목을 몰라도 정확한 설명을 받을 수 있었습니다.

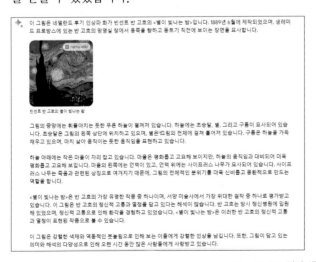

빙챗(Copilot) 역시 그림을 입력받아 그림에 대한 설명이 가능합니다.

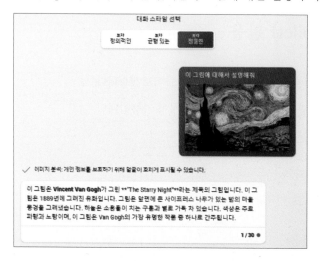

함께 보면 도움되는 추천 도서

챗GPT & AI를 활용한
인공지능 그림 그리기 실전
장문철, 주현민 공저 | 204쪽 | 15,500원

모두가 할 수 있는
인공지능으로 그림 그리기
장문철, 주현민 공저 | 212쪽 | 14,400원

챗GPT 실전 활용 보고서
장문철, 박준원 공저 | 208쪽 | 15,500원

챗GPT를 활용한
40가지 파이썬 프로그램 만들기
장문철 저 | 252쪽 | 17,700원